PETIT TRAITÉ
SUR
L'ORGUE EXPRESSIF
COMPRENANT
L'HISTORIQUE DE CET INSTRUMENT,
LES NOMS ET LA DESCRIPTION EXACTE DE TOUTES LES DIVERSES PIÈCES
DONT IL EST COMPOSÉ, LA MANIÈRE DE LES DÉMONTER,
REMONTER ET DE LES RÉPARER PAR SOI-MÊME, SANS FRAIS
ET SURTOUT SANS AVOIR RECOURS A UN FACTEUR, ETC.

SUIVI D'UNE
NOTICE EXPLICATIVE
SUR LE
NOUVEAU SYSTÈME A LAYE MOBILE
(Breveté s. g. d. g.)

Développant les avantages que possèdent les orgues expressives
construites d'après ce système

Ouvrage orné de planches, renfermant, en outre, de nombreux détails
relatifs à la transposition et au Clavier transpositeur, divers
renseignements, et formant dans son ensemble
le vade mecum de tout possesseur d'orgue.

Par N. FOURNEAUX Fils
Mécanicien Facteur d'orgues.

Passy-lez-Paris
(SEINE)

A LA FABRIQUE SPÉCIALE D'ORGUES EXPRESSIVES ET A TUYAUX
DE LA MAISON FOURNEAUX, 33, AVENUE DE S.-CLOUD

1854

PETIT TRAITÉ

SUR

L'ORGUE EXPRESSIF

CONTENANT

L'HISTORIQUE DE CET INSTRUMENT,
LES NOMS ET LA DÉFINITION EXACTE DE TOUTES LES DIVERSES PIÈCES
DONT IL EST COMPOSÉ, LA MANIÈRE DE LES DÉMONTER,
REMONTER ET DE LES RÉPARER PAR SOI-MÊME, SANS FRAIS
ET SURTOUT SANS AVOIR RECOURS A UN FACTEUR, ETC.

SUIVI D'UNE

NOTICE EXPLICATIVE

SUR LE

NOUVEAU SYSTÈME DIT A LAYE MOBILE
(Breveté s. g. d. g.)

Développant les avantages que possèdent les orgues expressives construites d'après ce système

Ouvrage orné de planches, renfermant, en outre, de nombreux détails relatifs à la transposition et au Clavier transpositeur, divers renseignements, et formant dans son ensemble le *vade mecum* de tout possesseur d'orgue,

Par N. FOURNEAUX Fils

Mécanicien Facteur d'orgues.

Passy-lez-Paris
(SEINE)

A LA FABRIQUE SPÉCIALE D'ORGUES EXPRESSIVES ET A TUYAUX
DE LA MAISON **FOURNEAUX**, 33, AVENUE DE S¹-CLOUD

1854

PRÉFACE.

Ce petit livre, dans son modeste ensemble, a-t-il besoin d'une préface? Oui et non.

Oui, pour faire connaître au lecteur que je n'ai pas la prétention de me présenter comme écrivain : je ne le suis pas, je le sais, et je laisse ce titre à ceux qui le méritent.

Non, parcequ'une préface est aussi fastidieuse à lire qu'à écrire; mais celle-ci sera courte et surtout sans phrases, et, n'eût été le besoin d'expliquer la tâche que j'ai voulu remplir, je me serais de bon cœur gardé d'en faire une.

Connaissant mon peu d'habileté en l'art d'écrire, j'ai longtemps hésité à livrer mes observations au public; puis, réflexion faite, j'ai pensé que plusieurs années de travail, et l'expérience, qui vient elle-même à la suite, pouvaient être des titres suffisants pour me faire pardonner ma témérité.

Dans la partie historique, j'explique d'une manière suffisante l'origine de l'orgue expressif (laquelle est peu ou faussement connue), et je donne à ce sujet de nombreux détails qui, j'en ai la croyance, ne seront pas lus sans intérêt.

Ensuite, procédant didactiquement et avec autant de simplicité que possible, je décris toutes les parties diverses appelées à former l'instrument qui m'occupe; je n'omets rien, et la gravure vient compléter le texte. Montesquieu l'a dit : « Celui qui voit tout abrège tout. » Mes observations portent particulièrement sur la *laye*, le passé m'ayant suffisamment démontré que la plupart des dérangements sérieux proviennent presque toujours de cette partie importante de l'orgue.

Enfin, après avoir donné la marche à suivre pour reconnaître instantanément où existent les dérangements, je donne les moyens d'y obvier par soi-même, sans frais, etc.; le tout suivi de conseils et de définitions diverses.

J'espère quelque peu en mon essai, je l'avoue, et si mon attente n'est pas trompée, jeune encore, je travaillerai à mériter de plus en plus la bienveillance qui m'aura été accordée à titre d'encouragement.

PETIT TRAITÉ

SUR

L'ORGUE EXPRESSIF

CHAPITRE Ier.

Historique.

Ce fut un modeste amateur de musique, M. Grénié (1), qui, tout au commencement de ce siècle, donna naissance à l'orgue expressif en unissant le principe des anches libres à celui d'une soufflerie à pressions variées susceptible d'augmenter ou de diminuer l'intensité des sons.

Voici comment cet ingénieux amateur raconte lui-même sa découverte dans une notice qu'il fit paraître

---

(1) M. Grénié (Gabriel-Joseph) naquit à Bordeaux en 1756, et mourut à Paris en 1837. Pendant sa vie il occupa plusieurs emplois dans des administrations publiques, et son goût pour la musique lui fit créer l'orgue expressif.

en 1810 : « Il y a à peu près deux ans que, lisant
» l'ouvrage du docteur Bedos, je trouvai dans la com-
» paraison qu'il fait des différents jeux d'anches de
» l'orgue avec les instruments à vent dont les hommes
» se servent cette phrase-ci : Le chalumeau a une
» languette qui doit mouvoir librement, et qu'on met
» tout entière dans la bouche pour faire parler cet
» instrument. Dès lors, je pensai qu'une languette
» qui ne battrait pas sur l'anche, et par conséquent
» cuivre contre cuivre, devrait produire des sons
» moins criards et plus doux. Le docteur Bedos ne
» donnait aucune proportion d'un pareil jeu, ne disait
» pas même qu'il pouvait être employé parmi ceux
» desquels il donnait le diapason. — J'allai chez plu-
» sieurs facteurs. — Aux questions que je leur fis ils
» répondirent qu'ils ne connaissaient point de jeux
» d'anches libres, et qu'ils n'en avaient jamais fait.
» Je fis exécuter tant bien que mal une anche libre,
» et j'en fus assez content pour croire pouvoir entre-
» prendre d'en former le diapason. Mais le hasard
» vint à mon secours, en me montrant chez un de mes
» amis un orgue relégué depuis trente ans dans un
» coin de la maison, et qui contenait deux octaves
» d'un jeu d'anches libres. C'est avec ce secours, en

» faisant refaire à neuf tous les tons nécessaires, que
» j'ai formé un instrument qui, en partant d'un son
» égal en douceur à celui de l'harmonica, s'élève à
» toute la force d'une musique militaire. »

Mais, avant d'arriver à la réalisation de son idée, M. Grénié, qui ne possédait aucune habileté dans le maniement des outils, et par cela même ignorait aussi la pratique matérielle de l'art, avait dû employer plusieurs années de sa vie, faire bien des essais infructueux et de nombreuses dépenses; enfin, après deux ans d'un travail opiniâtre, il parvint à terminer un orgue rendu expressif (1), pour lequel il prit un brevet d'invention en juin 1810, afin de s'en garan-

---

(1) C'était un petit orgue de chambre, qui consistait en un simple jeu d'anches libres; l'expression résidait dans la disposition et l'action des soufflets subissant des pressions variables, dont l'intensité transmise aux tuyaux leur donnait le caractère et l'accent des instruments à vent. Toutefois le mécanisme présentait encore des inconvénients dont M. Grénié lui-même s'aperçut bientôt et qu'il fit disparaître plus tard. Le réservoir d'air, placé immédiatement sous le clavier, recevait sa pression plus ou moins forte, par la pression que subissait le clavier. A cet effet, tout le clavier était mobile, et la pression des touches du dessus et de la basse dérangeait la position horizontale. Bien qu'un contre-poids y fût adapté pour rétablir à chaque instant cette position, le balan-

tir la propriété. L'année suivante, il présenta son instrument à une commission de l'Institut, dont il n'eut qu'à recueillir les suffrages les plus flatteurs (1).

M. Grénié fit construire plus tard deux orgues suivant son système, l'un au couvent des Dames du Sacré-Cœur, à Paris, l'autre au Conservatoire de musique. — En 1816, il prit un nouveau brevet pour un instrument composé de jeux d'anches; puis, tournant ses vues vers le domaine de l'orgue à tuyaux, il essaya d'y appliquer ses jeux, et en fit l'offre aux facteurs de son époque, qui, n'écoutant que la routine et leur intérêt mal compris, les refusèrent.

Plusieurs auteurs ont contesté à M. Grénié le mérite et la priorité de son invention; je me bornerai à citer M. Godefroy Weber, qui, dans le n° 43 de

---

cement continuel du clavier devait nécessairement gêner l'exécutant. M. Grénié abandonna ce système et remplaça l'action du clavier mobile par deux compresseurs mus au moyen d'une double pédale, de sorte que la pression alternative des pieds, indépendante de celle des mains, produisait les nuances de sons. (*Revue musicale*, article sur l'orgue expressif, par M. G.-E. Anders.)

(1) Le rapport, daté des 20 et 22 avril 1811, proclame l'auteur de cet instrument, le premier inventeur d'une telle intensité d'expression, jusque alors inconnue dans les orgues.

son recueil *Cæcilia*, a montré qu'un allemand nommé Kratzenstein, lequel vivait à Saint-Pétersbourg sous le règne de Catherine, paraît avoir employé le premier cette sorte d'anche dans les tuyaux d'orgues. — Après lui, un facteur d'orgues allemand, nommé Rackwitz, les employa, et l'abbé Vogler en fit usage en 1796. — Léopold Sauer, facteur d'instruments à Prague, construisit, en 1803 et 1804, deux pianos organisés dans lesquels il se servit de jeux d'anches à vibrations libres. — Un facteur d'orgues, à Vienne, nommé Kober, construisit, en 1805, un orgue dans ce système, et d'autres suivirent son exemple. Il y eut alors une dispute sur la priorité de l'invention, et (selon l'opinion de M. Godefroy Weber) M. Grénié, ayant eu connaissance de ces débats, y aurait puisé son idée.

On ne peut mieux répondre à cette accusation qu'en reportant le lecteur à l'extrait de la Notice écrite par M. Grénié, et que j'ai cité au commencement de ce chapitre.

M. Biot, dans son *Traité de physique*, reconnaît M. Grénié comme l'inventeur des anches libres. M. Hamel, dans son *Manuel du facteur d'orgues*, n'attribue pas l'invention des anches libres à M. Grénié; mais il le considère comme l'inventeur de l'orgue expressif, et c'est ainsi qu'il doit être considéré. Je m'abstiendrai d'un plus long dire à ce sujet, et je ne ferai que relater en passant les essais que fit M. Sébastien Erard, long-temps avant ceux de M. Grénié, pour parvenir à rendre l'orgue expressif par la seule pression du doigt, ce qui n'atténue en rien le mérite et les droits de M. Grénié à l'invention de son orgue.

Dès son origine, l'orgue expressif n'eut pas tout le succès dont il était méritant, et il fut peu répandu, d'abord parceque son prix était assez élevé, ensuite parcequ'on négligea de lui donner une publicité convenable. — M. Muller (élève de M. Grénié) et M. Chameroy, seuls, continuaient la fabrication de cet instrument, lorsqu'une cause bien minime en apparence vint lui procurer une grande popularité. « En » 1829, dit M. Hamel (1), un sieur Pinsonnat (2)

---

(1) Cet article est extrait du *Manuel du facteur d'orgues*, par M. Hamel, contenant le travail de Dom Bedos, 3 vol. avec un grand atlas, chez Roret, rue Hautefeuille, 10 bis, à Paris. Je prends la liberté de recommander cet ouvrage d'une manière toute particulière aux personnes qui désireraient être initiées à l'art de la facture d'orgues.

(2) Il est probable que ce sieur Pinsonnat avait eu connaissance des essais de M. Grénié et y avait puisé son invention.

» se fit breveter pour la découverte d'un nouveau
» diapason, nommé *typotone*. Ce n'était qu'une lan-
» guette de métal fixée sur une petite plaque de na-
» cre ou d'argent que l'on plaçait entre les dents, et
» que l'on mettait en vibration au moyen du souffle
» de la bouche. Ce petit instrument donna l'idée de
» réunir plusieurs de ces languettes sur une même
» plaque, et d'en faire un jouet d'enfant; puis on
» on augmenta successivement le nombre et les di-
» mensions au point de ne pouvoir plus le jouer à la
» bouche. — Alors on en fixa les lames à un petit
» soufflet qu'on faisait agir entre les mains, pendant
» que les doigts, appuyant sur un seul clavier de
» quelques touches, donnaient issue à l'air com-
» primé, ce qui mettait les lames en vibration. Cet
» instrument, ou plutôt ce joujou, que l'on nom-
» ma *accordéon,* eut une vogue prodigieuse, et, tout
» indigne qu'il était, il osa pénétrer jusque dans le
» sanctuaire, où le mauvais goût souffrit qu'il mêlât
» sa voix aigre à la majesté des chants divins.

» Mais bientôt l'accordéon lui-même prit des pro-
» portions si étendues, que l'on ne pouvait plus le
» tenir aisément entre les mains, ni en faire agir les
» touches, devenues trop nombreuses, et l'on prit le

» parti d'en faire un instrument à clavier régulier
» et à soufflets séparés mis en jeu par les pieds. Les
» premières de ces orgues, qui avaient beaucoup
» d'analogie avec les anciennes régales, n'avaient
» que trois octaves; mais on ne tarda pas à leur en
» donner jusqu'à sept.

» Fourneaux (1) en fit à deux claviers, dont l'un

(1) Fourneaux (Napoléon), né à Léard, département des Ardennes, le 21 mai 1808, exerça d'abord la profession d'horloger. En 1830, il vint à Paris pour se perfectionner dans son état; c'était l'époque où l'accordéon faisait fureur. Fourneaux vit de l'avenir dans ce joujou que la mode favorisait, et son goût pour la mécanique le porta à lui donner des perfectionnements qui l'acheminèrent à devenir un instrument régulier. En 1836, devenu propriétaire du fonds de M. Chameroy, il donna une grande extension à la fabrication des orgues à anches libres, et contribua beaucoup à leur amélioration par les moyens qu'il imagina. Au lieu de faire arriver le vent aux languettes par des soupapes inférieures, comme l'avait fait son prédécesseur, il plongea toutes les anches dans le réservoir d'air comprimé; il établit le courant d'air en débouchant l'orifice du tube qui contenait la languette, et modifia la qualité du son au moyen d'une case recouverte d'une table d'harmonie. Fourneaux construisit aussi des orgues à cylindre, et il essaya d'allier les anches libres aux tuyaux à bouches; mais les anches sans rasettes étant incompatibles avec les flûtes, dont le moindre changement de température fait varier le ton, il fut obligé de renoncer à ce projet. Les efforts que fit cet in-

» sonnait le seize-pieds et l'autre le huit-pieds. On
» plaça sur les anches des tables d'harmonie qui
» donnèrent au son de la rondeur et de la force. En-
» fin M. Debain en fit à quatre registres, différant
» par leur accord et par leur qualité de son. Comme
» le prix peu élevé de ces orgues les rendit bientôt po-
» pulaires, et que leur vente produisait des bénéfices
» considérables, beaucoup de personnes se mirent à
» en fabriquer; l'on en vit paraître sous les noms
» d'éoline, élodicon, harmonica, physharmonica, or-
» gue expressif, poïkilorgue, harmonium, etc., quoi-
» que, au fond, ce fût toujours le même instrument. »

M. Debain et mon père perfectionnèrent donc l'orgue de M. Grénié, qui était en quelque sorte tombé
dans l'oubli et qui avait repris naissance dans l'accordéon. — Afin de ne pas blesser l'amour-propre

génieux mécanicien pour les progrès de la facture des orgues
expressifs furent récompensés par le jury, présidé par l'illus-
tre Savart, qui lui décerna la médaille d'argent en 1844, et
par le débit prodigieux de ses instruments. Il n'avait que deux
ou trois cents francs, au plus, lorsqu'il commença son établissement, et il était déjà parvenu à se faire une très belle position, etc. (Hamel, *Manuel du facteur d'orgues*, extrait de
la *Biographie des facteurs d'orgues*, t. 3, p. 434.)

de quelques facteurs, j'omettrai de parler des poursuites que M. Debain eut à diriger contre eux en 1843, et de dire qu'en changeant le nom de l'instrument, ils n'en changeaient pas le système de construction, et que, par ce fait, ils se rendaient de vils plagiaires, de cupides contrefacteurs.

En 1844, mon père, lors de l'exposition des produits de l'industrie, exposa divers instruments qui lui valurent une médaille d'honneur (1); il apporta, en outre, plusieurs améliorations importantes à son

---

(1) M. Fourneaux a exposé un orgue expressif à deux claviers, un orgue du même genre avec jeux de flûte, un orgue à cylindre et à clavier avec jeux de flûte et d'anches libres.

Ces divers instruments, qui ont une bonne qualité de son, sont très bien exécutés; la combinaison de leur mécanisme est bien entendue. L'alliance des jeux de flûte et des jeux d'anches est d'un heureux effet; mais il est à craindre que les influences particulières sous lesquelles se trouvent ces deux instruments, établis sous des principes différents, ne tendent à altérer l'accord.

Les soins apportés dans la fabrication des instruments de M. Fourneaux, qui est un des plus anciens artistes en ce genre, lui méritent une médaille d'honneur, comme récompense de ses constants efforts. (Extrait du *Rapport du jury central sur les produits de l'industrie française en* 1844, rapporteur M. Delamorinière.)

art, et, enfin, quelques années après, je pris la direction de son établissement, poursuivant sur les mêmes principes la tâche qu'il s'était créée.

Aujourd'hui, l'orgue expressif est parvenu à un haut point de popularité, grâce d'abord aux innovations successives qui lui ont été apportées depuis son origine, ensuite au talent de MM. le chevalier Sigismond de Neukomm, Sejean, Marius-Gueit, de Calonne, Bruneau de Bourges, etc.; ces artistes distingués l'ont grandement fait valoir et ont prouvé les effets admirables que l'on en peut tirer.

Au moment où s'imprime ce livre, le chiffre annuel de la fabrication de cet instrument ne s'élève pas à moins de deux millions de francs, et je ne désespère pas que l'avenir ne double ce chiffre.

CHAPITRE II.

De la Transposition et du Clavier transpositeur.

Rousseau, dans son *Dictionnaire de musique*, définit ainsi la transposition : « Changement par lequel on transporte un air ou une pièce de musique d'un ton à un autre. Quand on veut transposer dans un ton un air composé dans un autre, il s'agit premièrement d'en élever ou abaisser la tonique et toutes les notes d'un ou de plusieurs degrés, selon le ton que l'on a choisi, puis d'armer la clef comme l'exige l'analogie de ce nouveau ton. Tout cela est égal pour les voix; mais ce n'est pas pour un symphoniste une attention légère de jouer dans un ton ce qui est noté dans un autre, car, quoiqu'il se guide par les notes qu'il a sous les yeux, il faut que ses doigts en sonnent de toutes différentes, et qu'il les altère tout différemment selon la différente manière dont la clef doit être armée pour le ton noté et pour le ton transposé; de sorte que souvent il doit faire des dièses où il voit des bémols, et *vice versa*, etc. »

En 1706, A. Frère publia un traité qui n'avait pour objet que les transpositions. Depuis, plusieurs traités ont été publiés aussi sur cette matière.

De nos jours, les symphonistes se rient des difficultés de la transposition, et l'on voit des orchestres entiers accompagner en *ut* l'air écrit en *ré*, et mettre en *fa* celui que l'on avait noté en *mi*, avec autant d'aisance que s'il était réellement transposé sur le papier. Il n'en était pas de même autrefois, et l'on considérait l'art d'exécuter dans un ton ce qui est noté dans un autre comme le *nec plus ultra* du talent; aussi s'occupa-t-on de bonne heure de chercher des moyens mécaniques pour aplanir les difficultés de la transposition.

Les facteurs de clavecins et de pianos paraissent être les premiers qui se soient occupés de cette idée.

Le P. Kircher, dans le premier volume de sa *Musurgie*, donne la description d'un clavecin à mécanisme transpositeur, inventé par un nommé Nicolas Romarino. Ce mécanisme consistait dans un clavier mû au moyen de ressorts, et transposait dans plusieurs tons différents par degrés semi-toniques.

Charles Luyton, organiste de la cour de l'empereur Rodophé II, possédait un clavecin curieux, qui avait été construit à Vienne en 1589. Les touches supérieures étaient divisées ou doubles pour exprimer la différence des dièses et bémols (de sorte que, par exemple, *ut dièse* et *ré bémol* étaient produits par des cordes différentes). Le clavier, en outre, était mobile, et pouvait se transposer sept fois, ce qui faisait, d'après son arrangement, une transposition de trois tons.

En Allemagne, un homme ingénieux pour la construction des instruments, sans être lui-même facteur, le chambellan Bauer, à Berlin, fit construire, vers 1786, un piano pyramidal de huit pieds et demi de hauteur, qui, au moyen de registres, présentait huit changements de sons, et dont le clavier mobile se transposait de deux tons.

Sébastien Érard imagina un piano organisé avec deux claviers, l'un pour le piano, l'autre pour l'orgue. Le succès de cet instrument fut prodigieux dans la haute société. Il lui en fut commandé un pour la reine Marie-Antoinette, et ce fut pour ce piano qu'il inventa plusieurs choses d'un haut intérêt, surtout à l'époque où elles furent faites. La voix de la reine avait peu d'étendue, et tous les morceaux lui semblaient écrits trop haut. Erard imagina de rendre mobiles les claviers de son instrument, *au moyen d'une clef qui le faisait monter ou descendre à volonté d'un demi-ton, d'un ton ou d'un ton et demi*, et, de cette manière, la transposition s'opérait sans travail de la part de l'accompagnateur. Ce fut aussi dans cet instrument (dit M. Fétis, de l'ouvrage de qui cet article est extrait) qu'il fit le premier essai de l'orgue expressif par la seule pression du doigt.

A Vienne, en 1823, un facteur nommé Muller se fit breveter pour un clavier transpositeur, qui n'était que la reproduction de celui existant dans le piano du chambellan Bauer.

M. Roller, facteur de pianos à Paris, inventa aussi, vers la même époque, un piano à clavier transpositeur. Le mécanisme, aussi simple qu'ingénieux, faisait marcher le clavier sous les cordes par degrés d'un demi-ton, de sorte que la touche qui frappait les cordes qui sonnent l'*ut* passait sous l'*ut dièse* ou *ré bémol*, et donnait ainsi un autre système tonal, sans que le doigter eût à éprouver le moindre changement. Pour baisser le ton il suffisait de porter le clavier de droite à gauche, et alors, selon le nombre de degrés qu'on lui avait fait parcourir, la gamme d'*ut*, et par conséquent le système entier de ce ton, se changeaient en ceux de *si*, de *si bémol*, de *la*, de *la bémol*, etc. On pouvait obtenir les mêmes variations à l'aigu et changer successivement le système d'*ut* en ceux d'*ut dièse* ou de *ré bémol*, de *ré*, de *mi bémol*, etc. Le mécanisme qui portait le clavier à droite ou à gauche était mis en jeu par une clef de la nature de celle des pendules. Chaque tour de clef donnait un degré de plus, si c'était en haut, et un degré de moins, si c'était en bas. Chacun de ces degrés était d'un demi-ton, et, à quelque degré que l'on s'arrêtât, le clavier se trouvait invariablement fixé. *Des signes*, mis sur le clavier qui changeait de place, et sur le devant du piano, qui était d'une parfaite immobilité, montraient sur-le-champ à ceux qui n'auraient pas eu l'oreille assez exercée pour s'en rendre raison, si le clavier était dans sa position naturelle, ou s'il avait été porté d'un ou de plusieurs degrés à droite ou à gauche.

En 1845, M. Aristide Cavaillé, dont le nom est bien connu dans la facture, imagina et fit l'application d'un mécanisme transpositeur dans l'orgue d'accompagnement de l'église Saint-Roch, à Paris ; j'éprouve le regret de ne pouvoir décrire ce mécanisme ingénieux, n'ayant pas à ma disposition les planches qui me seraient nécessaires pour le bien faire comprendre au lecteur.

Enfin, vers la même époque (1845), un brevet fut pris pour un *soi-disant nouveau* mécanisme musical — transpositeur, applicable à l'orgue. — A part quelques changements insignifiants, ce mécanisme ressemblait, dans son ensemble, à tous ses précédents, et en particulier à celui imaginé par M. Roller, et dont j'ai déjà parlé ; aussi le brevet qui en était l'objet tomba-t-il dans le domaine public, un an après, pour cause de nullité. Néanmoins, son inventeur fit insérer dans les journaux de fabuleuses réclames ; il assaillit la France, et principalement MM. les Ecclésiastiques, de nombreux prospectus, et, à l'aide de ces puissants auxiliaires, il parvint à recueillir des éloges qu'il était loin de mériter, et à s'amasser une assez jolie fortune, qu'il augmente encore chaque jour.

Maintenant, je dirai que le clavier transpositeur est devenu depuis long-temps une propriété commune à tous les facteurs, et qu'aucun n'a le droit d'en revendiquer la fabrication exclusive.

Le mécanisme le plus généralement usité consiste en un clavier qui, par sa mobilité de droite et de gauche, donne la faculté de transposer d'un ou de plusieurs degrés. On en comprendra facilement le résultat par l'exposé suivant : Supposez un clavier ordinaire sur lequel vient se placer, à une certaine distance, un second clavier possédant une octave de touches en plus, afin de conserver toujours dans la transposition le même nombre d'octaves que celles existant dans le premier clavier. Supposez, en outre, des pilotes appuyant continuellement sur les touches du clavier ordinaire. Si on recule à droite le clavier supérieur, de telle sorte que le second pilote soit placé sous la touche *ut* de ce clavier, il s'ensuivra qu'en appuyant sur cette touche, le pilote s'abaissera et fera mouvoir la touche *ut dièse* du clavier ordinaire, en un mot que l'on aura haussé d'un demi-ton le clavier superposé par rapport à l'autre, et ainsi de suite pour le hausser d'un ou de plusieurs degrés; il va sans dire qu'en reculant le clavier susdit vers la gauche, les mêmes effets se produiront pour baisser d'un ou de plusieurs degrés. En ajoutant que le clavier ordinaire est remplacé par une série de soupapes faisant parler des languettes dans la même division, et le clavier supérieur conservant sa même qualité de mobilité de droite et de gauche, l'ensemble mécanique du clavier transpositeur se trouve défini.

CHAPITRE III.

Description de l'Orgue expressif
(système à laye mobile),

Contenant la définition exacte de toutes les pièces qui entrent dans la composition mécanique de cet instrument, suivi de la manière de les démonter, remonter et de les réparer par soi-même, etc.

L'orgue expressif que je vais décrire est représenté, planche I, figure 1, au quart de sa grandeur naturelle, vue en coupe; cet instrument est à clavier transpositeur de cinq octaves d'étendue, d'*ut* à *ut*, et possède quatre jeux divisés par moitié, et répartis en huit demi-jeux (en voir la division figure 2, en g g' et suivants), formant 13 registres, non compris celui du *copula* ou grand jeu, etc. On comprendra comment il fonctionne par les détails qui suivent :

A, registre faisant fonctionner le levier B.

C, C', C'', pilotes superposés mus par le levier B.

E, châssis en bois sur lequel se trouve fixé le clavier D.

FF', autre châssis supportant le premier et ayant une rainure pratiquée en F'.

G, levier faisant mouvoir les soupapes correspondant à la touche D.

H, H', vis attachées au levier G et placées aux extrémités des petites soupapes I, I', I''.

J, J', J'', orifices par lesquels s'échappe l'air dans la vibration des languettes, dès que l'on ouvre les soupapes I, I', I''.

L, L', L'', compartiments ou casiers contenant la partie basse des jeux.

l, l', l'', l''', l'''', autres compartiments contenant la partie haute des jeux.

K, K', K'', sommiers ou blocs en bois sur lesquels reposent les platines; ces sommiers sont renfermés dans les casiers L, L', L''.

k, k', k'' et suivants, autres sommiers renfermés dans les casiers l, l', l'', l''', l''''.

M, M', M'', ouvertures pratiquées dans le panneau sur lequel se trouvent les casiers donnant passage à l'air qui pénètre dans les casiers L, L', L'', dès que l'on ouvre, au moyen des registres, les soupapes correspondantes qui en recouvrent les orifices.

N, laye ou sorte de boîte renfermant le mécanisme des soupapes d'introduction d'air, celui de l'expression et du copula.

O, soupape recouvrant l'orifice M'', située dans le compartiment L''.

P', rouleau en fer formant, avec le rouleau P, l'ensemble du mécanisme *copula*.

R, R', soupapes recouvrant les orifices S, S', et donnant passage à l'air dans le réservoir T.

U, U, ressorts en cuivre formant pression sur le réservoir d'air T.

V, porte-vent conduisant dans le réservoir T l'air fourni par la pompe X; x, x', x'', ouvertures par lesquelles l'air entre dans le porte-vent V.

Y, pédale faisant fonctionner la pompe X au moyen du levier Z. Si on abaisse les pédales, dont une seule, Y, est visible, elles font mouvoir les deux pompes X, placées à côté l'une de l'autre. L'air passe alors, par les ouvertures x, x', x'', dans le porte-vent V, s'introduit dans la laye N, et entre enfin, par les ouvertures S, S', dans le réservoir T, dont la capacité est combinée pour alimenter suffisamment et au delà l'instrument.

Les soupapes R, R', restant toujours ouvertes au moyen de deux ressorts dont la tension leur donne la position représentée figure 1, si on tire le registre correspondant aux pilotes superposés, dont le dernier se trouve placé sur la petite planchette mobile P', on fermera les soupapes R, R', lesquelles recouvrent les orifices S, S^i; — l'air, ne pouvant entrer dans le réservoir T, ne sera plus sous l'influence de la pression à peu près égale qu'impriment les ressorts U, U, et il transmettra aux sons ses variations d'augmentation ou de diminution, selon que l'on fera mouvoir plus ou moins vite les pompes X; de là, l'utilité des soupapes R, R', qui donnent à l'exécutant la facilité, en tirant le registre correspondant, d'augmenter ou de diminuer les sons, en un mot de produire des effets d'expression.

L'air passe de la laye dans les divers compartiments renfermant les jeux en ouvrant les soupapes d'introduction au moyen de leurs registres respectifs. Pour la description de la laye, des soupapes d'introduction, du mécanisme copula, etc., je renvoie le lecteur au chapitre de la notice explicative sur la laye.

Les platines, placées sur les blocs en bois et les planchettes, ont constamment leurs languettes sous l'influence de la pression qu'exerce l'air fourni par les pompes et tendent à vibrer naturellement ; néanmoins, les vibrations n'ont lieu que lorsque l'on donne un courant en levant les soupapes I, I', I'', qui recouvrent les orifices J, J', J'', garnis de peau, correspondant aux tubes sur lesquels se trouvent placées les anches.

Les soupapes dont les bascules pivotent sur les chevalets i, i', i'', i''', s'ouvrent dès qu'on appuie les touches du clavier, lesquelles correspondent à une série de leviers faisant mouvoir, par des vis qui y sont adhérentes, les bascules de ces soupapes; de petits ressorts, attachés aux chevalets, tendent sans cesse à fermer lesdites soupapes, ce qui donne la facilité de répéter une note aussi promptement qu'on peut le désirer.

Le son, qui s'est déjà modifié dans les casiers, se communique à la masse d'air extérieur; il y parvient avec d'autant plus de pureté que les vibrations premières en sont éloignées. En effet, ces vibrations, se communiquant à l'extérieur, ne forment plus avec l'air qu'un système vibrant, lequel conserve l'empreinte cuivrée que leur transmettent les vibrations premières, si elles sont trop rapprochées de la masse d'air. Les blocs en bois (représentés figure 1, en K, K', K'', k', k'', k'''), sur lesquels sont placées les anches, ont donc, par ce fait, une supériorité très grande, que nul d'ailleurs n'a jamais contestée.

Il est évident que les systèmes qui emploient pour tous les jeux la forme et la position des planchettes k, k', k''', figure 1, doivent produire des sons d'une nature bien inférieure, à part quelques jeux dont le caractère exige un timbre nazillard. L'ensemble de pareils jeux est loin d'approcher de cette mâle énergie qui caractérise ceux à tuyaux; les sons en sont maigres et criards, et à peine tolérables à l'oreille. Plusieurs facteurs ont essayé d'y remédier en recouvrant extérieurement les soupapes d'étouffoirs garnis de feutre, de ouate, etc.; mais on comprendra facilement que de tels moyens sont insuffisants, car on ne modifie pas l'âcreté primitive d'un son en affaiblissant ce son.

Le clavier D, figure 1, est transpositeur; le châssis E, sur lequel il est placé, coulisse dans une rainure pratiquée dans toute la longueur de la traverse F, tenant au châssis immobile F'; deux boutons en ivoire, dont un, E, est visible, servent à le transporter de droite à gauche, et *vice versa*; il glisse sur les vis g, situées aux extrémités des leviers G. Une pointe de fer f, placée au milieu du châssis E, oblige de lever le clavier suffisamment pour ne pas accrocher les vis g dans le parcours de la transposition; cette pointe entre dans douze trous pratiqués dans la longueur du châssis E; leur division est égale et mise en rapport avec celle du clavier. A^I est une plaque en ivoire sur laquelle sont marquées les douze notes comprises dans une octave; cette plaque sert d'indicateur; l'*ut* en est placé en face de la troisième octave du clavier, de sorte que, lorsqu'il s'agit de transposer un morceau, on porte le clavier de manière à ce que la touche tonique de ce morceau soit placée devant la note tonique figurée à l'indicateur.

L'ensemble du mécanisme des registres comprend :

1° Une rangée de tirants A; à l'extrémité sont placés des boutons indiquant les noms des divers jeux avec lesquels ils ont rapport.

2° Une rangée B de leviers correspondant aux tirants et mobiles sur des goupilles fixées dans la traverse b. En tirant le registre A, le talon a glisse sur le plan incliné du levier B; ce levier communique son mouvement au pilote C, qui y est fixé, lequel le transmet à son tour aux autres pilotes superposés

C', C'', et fait ouvrir ainsi la soupape d'introduction correspondante.

L'instrument se développe :

1° Dans sa partie supérieure, comprenant le clavier et les leviers de la mécanique A, ce qui donne la facilité de visiter les soupapes I, I, I; à cet effet on tirera la devanture V, qui est à coulisse et se trouve fixée à la caisse par deux petits verrous en cuivre placés aux extrémités ; on abaissera ensuite cinq petits crochets situés sur le devant et fixant le châssis contenant les leviers G à celui renfermant les soupapes de la mécanique ; le châssis des leviers, étant à charnière, pourra alors être ouvert ;

2° Et dans sa partie comprenant le clavier, les registres, les leviers de la mécanique, le châssis renfermant les soupapes, etc., ce qui permet d'examiner les jeux. — Quatre crochets en fer 4, 4, 4, 4, placés derrière la boîte à compartiments, y fixent ces diverses parties. Pour les visiter, on procédera comme précédemment.

Ayant défini toutes les diverses pièces qui constituent l'ensemble de l'orgue expressif, je vais faire connaître les dérangements les plus fréquents qui y surviennent, et donner les moyens de les réparer.

TABLE DES REGISTRES.

On nomme ainsi la partie de l'orgue contenant les tirants ou registres avec leurs leviers correspondants. Si un des registres A éprouve de la résistance dans sa fonction, il faudra le tirer et le pousser alternativement et d'une manière assez prompte pendant quelques secondes, puis passer à la mine de plomb l'extrémité du levier B, à l'endroit où le talon a glisse et le fait abaisser.

CLAVIER.

Pour visiter le clavier, on retirera la devanture de l'orgue V, qui coulisse dans des rainures pratiquées à ses extrémités, et qui est retenue par deux verrous en cuivre; on ôtera ensuite le clavier de l'instrument en l'amenant vers soi et en ayant soin surtout de le lever suffisamment pour ne pas accrocher les vis qui se trouvent en g.

Si une touche D ne remonte pas aussitôt après l'avoir abaissée, cela peut provenir :

1° De ses guides, qui dévient à droite ou à gauche, pour une cause quelconque, et forcent cette touche à venir frotter contre une touche voisine ; on y remédiera en redressant les deux guides ;

2° De l'humidité, qui aurait pu la faire gonfler ; en ce cas il sera nécessaire de raboter légèrement la touche sur ses côtés jusqu'à ce qu'elle soit entièrement libre ;

3° Et du levier ou vergette G, qui ne remonte plus, soit parceque les vis H, H', passent à côté de l'extrémité des soupapes I, I', I'', soit parceque les ressorts qui appuient sur ces soupapes se trouvent retenus sur les chevalets i, i', i''. Il est évident que, si l'élasticité des ressorts n'agit plus sur le levier G, ce levier ne peut reprendre sa position primitive, et oblige, pour cette raison, la touche à demeurer en bas : il faudra donc redresser les vis H, H', de manière à ce qu'elles appuient également sur les extrémités des soupapes, ensuite placer les ressorts au milieu, en ayant soin de les resserrer tant soit peu.

DU MÉCANISME DES SOUPAPES ET DES CORNEMENTS.

Pour visiter le mécanisme des soupapes, on soulèvera le châssis contenant les vergettes, lequel se trouve retenu à celui des petites soupapes par cinq petits crochets placés sur le devant de l'orgue ; ce châssis est visible dès que la devanture V est retirée.

Les causes qui produisent les cornements sont en assez grand nombre ; voici les principales :

1° Une poussière placée sous une soupape ;

2° Un ressort trop faible ;

3° Une des parties d'une soupape décollée à l'endroit où elle bouche l'orifice donnant passage à l'air ;

4° Et un ressort arrêté sur le chevalet et n'appuyant plus sur sa soupape.

On examinera d'abord si les cornements proviennent d'une soupape décollée à son extrémité, ou d'un ressort retenu sur le chevalet : dans le premier cas, on recollera les deux parties soigneusement et de manière à ce que la soupape ferme hermétiquement l'orifice donnant passage à l'air ; et, dans le deuxième, on remettra le ressort à sa place en l'allongeant et le resserrant un peu.

A l'égard des autres causes, on retirera la soupape ; on examinera si une poussière ou ordure y est attachée, et avec la pointe d'une plume on fera tomber cette poussière ; ensuite, si le ressort maintenant la soupape n'est pas assez vissé, on le revissera suffisamment, afin de lui donner plus de tension.

2*

JEUX ET SOMMIERS.

Pour visiter les jeux, sommiers et casiers, on abaissera quatre grands crochets en fer placés derrière l'orgue (ces crochets fixent le panneau de la mécanique des petites soupapes à la boîte à compartiments); puis on soulèvera le panneau, qui est à charnière.

Si en appuyant sur une touche elle ne produit aucun son, cela tient à une poussière qui se trouve placée entre la languette et la platine de la note qui lui correspond. Pour y remédier, on cherchera d'abord à quel jeu appartient la touche ou note en question; ensuite, son jeu étant trouvé, on le visitera à l'intérieur, et, en levant légèrement la languette, la poussière tombera d'elle-même.

Si une languette vient à casser, ce qui arrive très rarement, on dévissera la platine sur laquelle elle est fixée et celle de l'octave correspondante, et on les adressera au facteur, qui remplacera la languette cassée et la renverra tout accordée; alors on n'aura plus qu'à la revisser.

FUITES D'AIR.

On attribue souvent les fuites d'air, ou pertes de

vent, à la mauvaise construction de la soufflerie ; c'est à tort : elles proviennent presque toujours des soupapes d'échappement d'air situées dans les casiers qui renferment les jeux. Ces soupapes couvrent des petites ouvertures communiquant à des conduits pratiqués dans le fonds de la boîte à compartiments, et le but desdits conduits est de laisser échapper l'air qui peut rester dans chaque case après la fermeture du registre qui lui est respectif; ce qui permet d'obtenir une discontinuation immédiate de son.

La soupape P, planche II, figure 2, qui, dans sa fonction, couvre une ouverture communiquant au conduit O, est une de ces soupapes d'échappement d'air ; la position de la soupape d'introduction F', dans le casier où la soupape P est placée, oblige cette dernière à demeurer ouverte lorsque le registre correspondant est fermé, et ce à l'aide de la vis N. Il est évident qu'en faisant fonctionner la soupape F', si la soupape P ne ferme pas bien hermétiquement, cela ne provient que de la vis N, qui n'est pas assez vissée.

Si, en tirant un registre, une fuite d'air a lieu par l'un des orifices O, O, O, O, O, ou par ceux qui se trouvent placés sur le devant de la boîte, on visitera la soupape d'échappement d'air placée dans le casier renfermant le jeu qui a rapport à cedit registre ; puis on vissera légèrement la vis fixée à la soupape d'introduction, jusqu'à ce que la soupape d'échappement ferme bien hermétiquement, ce dont on s'assurera en tirant le registre en question.

Il arrive aussi quelquefois qu'en tirant le registre *copula*, ou grand jeu, des fuites d'air se manifestent lors même qu'elles ne s'étaient point manifestées en tirant les registres partiellement ; cela tient au mécanisme du grand jeu, qui fait décrire une course moindre aux soupapes d'introduction que le mécanisme des registres partiels. Pour y remédier, on ouvrira le registre *copula*, puis on passera en revue les orifices O, O, O, O, O, et tous ceux placés sur le devant de la boîte, en ayant la précaution de passer la main devant chacun d'eux, afin de remarquer celui par lequel s'échappe la fuite ; enfin on tirera tous les registres successivement, jusqu'à ce qu'il y en ait un qui la fasse cesser : alors la soupape défectueuse se trouvera placée dans le casier correspondant au dernier registre tiré, et on agira comme précédemment pour sa réparation.

CHAPITRE IV.

Notice explicative sur la laye.

Dans le principe, comme on le sait, l'orgue expressif ne possédait qu'un seul jeu ; son mécanisme se réduisait à la plus grande simplicité, et par conséquent les dérangements qui y survenaient étaient à peu près nuls ou d'une facile réparation. Mais, par la suite, cet instrument prit des proportions plus grandes ; il devint en quelque sorte la réunion de plusieurs instruments par l'ingénieuse combinaison de ses jeux divers ; son mécanisme se compliqua, les dérangements augmentèrent, furent plus sérieux, et, conséquemment, d'une réparation moins facile.

L'expérience m'ayant démontré que les dérangements les plus importants naissaient presque toujours dans une partie principale de l'orgue que l'on nomme *laye*, et qui n'est autre chose qu'une sorte de boîte renfermant le mécanisme des soupapes d'introduction d'air dans les casiers des jeux, je crus devoir m'attacher à perfectionner cette partie essentielle.

Dans la plupart des différents systèmes d'orgues,

pour parvenir à mettre à découvert le mécanisme que renferme la laye, il faut démonter entièrement les diverses pièces composant l'instrument, ce qui occasionne non seulement plusieurs jours de travail, mais encore des connaissances manuelles de la fabrication. J'ai détruit cet obstacle en rendant mobile un des côtés de la laye, ce qui permet d'en visiter l'intérieur instantanément; en outre, j'ai combiné tout le mécanisme qui s'y trouve renfermé de manière à ce qu'il puisse être démonté dans ses différents détails sans difficulté et sans embarras.

Pour bien faire apprécier toute l'importance de cette innovation, il est nécessaire que j'en donne la description.

Pl. II, fig. 2 : la laye vue de face.

Fig. 3 : AA, côté mobile fermant la laye; XX, porte-vent demeurant adhérents au côté AA.

BB, grand rouleau *copula*, maintenu dans les deux supports en bois C, C; b et suivants, bras du grand rouleau qui correspondent à toutes les soupapes d'introduction, et ayant la même division que les registres; E, rouleau fixé à la bascule qui sert de *copula*; D, bras du rouleau E, mobile sur la palette en fer d', attenant au grand rouleau BB; e, petite roulette ayant son axe de rotation sur une goupille fixée dans le bras D du rouleau E; g et suivants, divisions des registres et pilotes qui viennent correspondre aux bras b et suivants du grand rouleau $B\ B$.

Y, soupape d'échappement d'air du soufflet; lorsque le soufflet est trop plein, la vis y appuie sur cette soupape et fait ainsi échapper l'air.

F, F', soupapes d'introduction d'air; les mêmes vues en plan, fig. 4 et 5.

H, soupape d'expression; h, ouverture donnant entrée à l'air dans le réservoir.

P, soupape d'échappement d'air, qui vient correspondre à la soupape d'introduction F'; O, ouverture donnant passage à l'air que laisse échapper la soupape P; N, vis fixée à la soupape F', tenant levée la soupape P.

R, support en bois dans lequel le rouleau T pivote (V. également fig. 5); K, J, bras du rouleau T; I, écrou en bois sur lequel se trouve placé le pilote g''''''''; cet écrou est fixé au bras J du rouleau T.

Fig. 2 et 5 : S', S', ressorts fermant la soupape F'; M, demoiselle ou fil taraudé, en cuivre, attaché à la soupape F, F', et retenu au bras K du rouleau T par l'écrou L; M', autre fil taraudé, attaché au bras J du rouleau T, et retenu au bras b'''''' du grand rouleau B, B, par l'écrou U.

Fig. 2 et 4 : F, soupape d'introduction maintenue par deux guides f, f, qui l'empêchent de vaciller ; la peau sur laquelle repose cette soupape se trouve collée sur le fond de la laye ; ses ressorts S, S, la maintiennent dans ses deux guides. Il en est de même pour la soupape F', fig. 2 et 5.

Maintenant, je vais indiquer les moyens à suivre pour démonter les diverses pièces qui forment l'ensemble de la laye.

Pour mettre la laye à découvert et en visiter l'intérieur, on ôtera d'abord le derrière de l'orgue, qui se trouve formé d'un châssis de bois recouvert ordinairement d'étoffe verte ; on dévissera ensuite toutes les vis x, qui maintiennent et entourent le côté mobile A, A, fig. 3, et celles comprises seulement dans les *parties inférieures* des porte-vent X, X, en ayant soin de ne point toucher aux vis des *parties supérieures*, ces dernières étant destinées à maintenir et à rendre adhérents les porte-vent X, X, au côté mobile A, A. D'ailleurs, en examinant avec un peu d'attention la fig. 3, on remarquera que les vis qui sont susceptibles d'être dévissées portent, toutes, la marque *x*, tandis que celles qui doivent demeurer vissées ne portent aucune marque.

Pour retirer une soupape d'introduction d'air, on opérera selon sa disposition dans la laye; si elle correspond immédiatement au bras du grand rouleau, comme, par exemple, la soupape *F* (figures 2 et 4), on dévissera l'écrou *L'*, vissé sous le bras *b* au fil taraudé *K*, *K'*, tenant à la soupape *F* et passant dans le bras du grand rouleau ; puis on retirera le fil taraudé *K'* du bras du grand rouleau, on écartera les ressorts en *S*, *S* (figure 4), et la soupape, ne se trouvant plus maintenue que par ses guides, devra tomber d'elle-même. Si la soupape correspond au bras du grand rouleau par un autre petit rouleau dit abrégé, comme, par exemple, la soupape *F'* (figures 2 et 5), on dévissera l'écrou *L* du fil taraudé *M* passant dans le bras *K* du rouleau *T*, puis on continuera en procédant comme pour la soupape précédente.

Ainsi qu'on le voit, dans mon système, toutes les soupapes d'introduction se trouvent mobiles, ce qui permet de les démonter, réparer et remonter facilement, sans difficulté et en peu d'instants; avantage immense qui n'existe dans aucun autre système.

Pour retirer le grand rouleau en fer B, B (figure 2), de ses deux supports en bois *C, C*, où il se trouve maintenu par le crochet *c* fixé sur l'un de ces deux supports, on abaissera d'abord ce crochet, puis on dévissera les écrous L', U, et tous ceux fixant les fils taraudés aux bras *b, b', b'' et suivants,* lesquels ont rapport aux soupapes d'introduction, et enfin on fera glisser ledit rouleau plus avant, vers le support *C*, en remarquant que son extrémité B', du côté du crochet *c*, contient deux fois la longueur de celle B', du côté opposé ; alors rien ne sera plus facile que de faire sortir l'extrémité B' de son support *C*, en l'obliquant tant soit peu et en la tirant en sens contraire.

Ayant donné les moyens de démontrer toutes les diverses pièces formant l'ensemble de la laye, il ne me reste plus qu'à signaler les dérangements les plus importants qui y peuvent survenir. Il en est que j'omettrai de faire connaître, dans la prévision que le lecteur sera à même d'y obvier sans mon aide, connaissant les principaux.

Si un jeu continue de parler, même son registre étant fermé, cela peut venir de la soupape d'introduction d'air dans le casier de ce jeu, qui ne ferme pas hermétiquement ; donnant pour exemple la soupape F' (figure 2), on examinera si l'écrou L, qui tient le fil taraudé M au bras K du rouleau T, n'est pas trop vissé et ne donne pas trop de tension au fil taraudé, ce qui naturellement ferait lever ladite soupape. S'il en est ainsi, on dévissera légèrement l'écrou L pour détruire le trop de tension. Il peut se faire aussi que la soupape ait gauchi, par suite d'humidité ou de toute autre cause : on devra alors l'examiner, la redresser en la rabotant légèrement, et la remettre en place en procédant comme il a été dit plus haut.

Si un jeu produit un son double dans chaque note de son étendue, on s'en prendra à la cause ci-dessus, c'est-à-dire à une soupape d'introduction ne fermant pas hermétiquement, et on détruira le mal comme dit est.

Si un jeu ne parle pas, même son registre étant ouvert, cela tient à l'écrou placé sous le bras du rouleau, qui se trouve dévissé. Prenant pour exemple la soupape F', le pilote du registre, n'ayant qu'une course restreinte, ne peut, en appuyant sur l'écrou en bois I, faire baisser assez le bras J du rouleau T pour que l'autre bras K atteigne l'écrou L et fasse ouvrir la soupape ; dans ce cas, on revissera l'écrou

L, de manière à ce que la soupape ouvre suffisamment, et si cet écrou est défectueux, on le remplacera par un autre. On peut également, en opérant de la même manière, augmenter ou diminuer la force d'un jeu.

Si l'on veut supprimer au copula, ou grand jeu, un jeu partiel, il suffira de dévisser l'écrou placé sous le bras du grand rouleau correspondant à la soupape d'introduction d'air dans ce jeu.

S'il arrive un dérangement à la soupape d'expression, cela ne peut venir que de l'affaiblissement des ressorts qui maintiennent cette soupe ; on devra alors leur donner plus de tension ou les changer en cas d'urgence.

Enfin, pour terminer, je recommande de remettre en place *le côté mobile de la laye* avec soin et précaution, d'en visser toutes les vis d'une manière égale afin d'éviter toute fuite d'air. Je recommande particulièrement les vis des parties inférieures des porte-vent ; — il va sans dire qu'on devra remplacer les vis qui paraîtraient défectueuses.

CHAPITRE V.

Des divers Systèmes.

Les améliorations apportées successivement à l'orgue expressif divisent cet instrument en différentes manières de le construire ; de là les nombreux systèmes qui existent et qui sont appréciés diversement.

Sans entrer dans des détails appréciatifs sur chaque système, et surtout sans prétendre formuler mon opinion pour l'édification des praticiens, je ferai ressortir dans ce court chapitre les qualités qui constituent tout orgue vraiment supérieur.

Je parlerai d'abord du son et de sa modification. Le son, dans les instruments à vent, et dans les orgues en particulier, se transmet avec d'autant plus d'intensité que ce qui l'a déterminé est sous une influence plus ou moins grande de la pression de l'air. Il se modifie et donne divers timbres, en combinant chaque case proportionnellement avec le jeu qui lui est respectif, — en donnant à chaque languette une forme susceptible de faciliter les vibrations et de la mettre approximativement en rapport avec l'instrument à imiter, — et enfin en plaçant les platines sur des corps disposés de manière à arrondir et à annuler le nazillard du cuivre.

M. Debain, dont j'ai déjà eu l'honneur d'entretenir le lecteur, un des premiers contribua puissamment à modifier le son et à lui donner plusieurs nuances, en réunissant sur un seul clavier de six octaves quatre jeux de timbres différents.

De son côté, mon père obtint les mêmes résultats par des moyens autres; ses jeux, dans la partie haute, possédaient à un degré supérieur d'imitation les sons variés du flageolet, de la flûte, du hautbois et de la clarinette, et, dans la partie basse, ils avaient presque la rondeur et la puissance de ceux à tuyaux.

Les principes indiqués par ces deux facteurs, consacrés par l'expérience, sont suivis assez généralement; cependant quelques fabricants ont cru devoir les modifier selon la portée et les exigences de leurs propres moyens naturels, sans obtenir pour cela de meilleurs effets.

Je continuerai en parlant du mécanisme et de la simplicité qu'on y peut apporter. Ici, je me trouve contraint de dire que bien des facteurs se sont préférablement occupés de chercher à réduire l'emploi des matières premières dans leur système de fabrication, afin de poursuivre une mauvaise concurrence par l'offre du bas prix, que de donner au mécanisme une disposition simple et d'une facile réparation.

Pourtant quoi de plus malheureux que de posséder loin des grandes villes, où les ouvriers de notre genre d'industrie sont rares, un orgue sujet à se déranger, et duquel, au bout d'un certain laps de temps écoulé, on ne peut plus se servir. On m'objectera que les dérangements qui surviennent, pour la plupart, sont peu importants. Oui, je le sais, le fabricant ne fait aucun cas de tous ces dérangements, parcequ'il en connaît les causes et qu'il sait les détruire; mais l'acquéreur, lui, a-t-il le plus souvent la moindre notion de la facture? sait-il comment sont combinées les diverses pièces qui servent à faire fonctionner l'instrument dont il fait l'acquisition? Evidemment non. Je le reconnais donc en droit de réclamer, si ce n'est une garantie bien positive, au moins des moyens faciles et peu dispendieux de réparation. Le facteur ne doit pas se borner seulement au choix consciencieux des matériaux, à l'élégance et au fini du travail, à la qualité des sons; il doit encore s'attacher à simplifier le mécanisme, sans nuire cependant à sa bonté, afin d'en diminuer les inconvénients. Si je m'occupe tout particulièrement de ce point, c'est parcequ'il est le plus sérieux et le plus négligé; aussi mes efforts tendront sans cesse à le perfectionner, et j'ai fourni mes preuves en rendant mobiles toutes les diverses pièces de la laye.

On devra donc, avant de faire l'achat d'un orgue, examiner son mécanisme, et vérifier s'il est simple ou compliqué; — jouer soi même ou faire jouer ses jeux, et observer s'ils possèdent de bons sons; — enfin, remarquer si le fini de la main-d'œuvre répond au choix des matériaux employés dans sa construction. Ces qualités, quoique diverses, peuvent se trouver toutes réunies dans un seul système.

Je terminerai par quelques mots sur le charlatanisme et la contrefaçon.

Le charlatanisme est le recours des ignorants de la facture et des industriels : des uns, il prône les ridicules innovations; — des autres, il fait supposer vraies les fabuleuses promesses. Tel qui n'a jamais fabriqué aucun orgue annonce la réunion dans son prétendu système de tous les perfectionnements connus; tel autre qui exige de la part des facteurs des remises, dont la moindre varie de 20 à 30 pour 100 sur chaque instrument qu'il achète pour revendre, ose se faire titre de contribuer puissamment à la réduction des prix ; tel..... Je m'arrête, car si je voulais continuer ce thème inépuisable, les pages s'ajouteraient aux pages, sans profit pour vous, lecteur. Aussi, je me hâte de vous dire : Méfiez-vous du charlatanisme, —tenez-vous en garde contre tous ces intermédiaires officieux qui n'en veulent qu'à votre argent, et nullement à vos intérêts, — enfin ne vous adressez qu'à bon escient.

Quant à la contrefaçon, elle a franchi aussi les limites de notre art ; depuis l'enfance de l'orgue jusqu'à ce jour, elle est le mobile de l'existence de certains facteurs, amenés on ne sait comment à la fabrication, ou poussés plutôt par un instinct cupide que par le désir d'innover. La contrefaçon ne saurait être trop repoussée et méprisée, car, si le travail pénible, si les droits de l'inventeur ne sont pas respectés, c'est mettre l'homme nul au niveau de l'homme supérieur, c'est encourager l'ignorance contre le savoir ; bref, c'est laisser se commettre impunément le vol de l'intelligence.

CHAPITRE VI.

Renseignements.

DE L'ENVOI DE L'ORGUE, — DE SON DÉBALLAGE, DES FORMALITÉS A SUIVRE EN CAS D'AVARIES.

L'acquéreur ou destinataire reçoit ordinairement de la part du facteur-expéditeur une lettre d'avis lui annonçant la date fixe de la remise de son orgue au roulage et un duplicata de la lettre de voiture, en exprimant le poids, — le délai dans lequel le transport doit être effectué, — le prix de la voiture, — l'indemnité due pour cause de retard, etc. ; de manière enfin à ce qu'il ne puisse être trompé en aucune façon.

Dès l'arrivée de l'orgue, l'acquéreur devra procéder à son déballage, en prenant le plus de soins possibles, et en suivant les indications marquées sur la caisse ; — il devra aussi faire demeurer présent au déballage le voiturier qui aura effectué le transport, afin de le rendre responsable des avaries qui auraient pu survenir pendant le voyage. — Voici d'ailleurs les dispositions du Code de commerce relatives à ce sujet :

« *Des commissionnaires pour le transport par eau ou par terre.* — Le commissionnaire qui se charge d'un transport par terre ou par eau est tenu d'inscrire sur son livre-journal la déclaration de la nature et de la quantité des marchandises, et, s'il en est requis, de leur valeur. Il est garant de l'arrivée des marchandises et effets dans le délai déterminé par la lettre de voiture, hors le cas de force majeure légalement constaté, des avaries ou pertes de marchandises et effets, s'il n'y a stipulation contraire dans la lettre de voiture, ou force majeure ; enfin des faits du commissionnaire intermédiaire auquel il adresse les marchandises.

» La marchandise sortie du magasin du vendeur ou de l'expéditeur voyage, s'il n'y a convention contraire, aux risques et périls de celui à qui elle appartient, sauf son recours contre le commissionnaire et le voiturier chargés du transport.

» La lettre de voiture forme un contrat entre l'expéditeur et le voiturier, ou entre l'expéditeur, le commissionnaire et le voiturier chargés du transport. Elle doit être datée et doit exprimer la nature et le poids ou la contenance des objets à transporter, le délai dans lequel le transport doit être effectué; elle indique le nom et le domicile du commissionnaire par l'entremise duquel le transport s'opère, s'il y en a un, le nom de celui à qui la marchandise est adressée, le nom et le domicile du voiturier; elle énonce le prix de la voiture, l'indemnité due pour cause de retard. Elle est signée par l'expéditeur ou le commissionnaire ; elle présente en marge les marques et numéros des objets à transporter. La lettre de voiture est copiée par le commissionnaire sur un registre coté et paraphé, sans intervalle et de suite; enfin elle doit être timbrée.

» *Du voiturier.* — Le voiturier est garant de la perte des objets à transporter, hors les cas de la force majeure. Il est garant des avaries autres que celles qui proviennent du vice propre de la chose ou de la force majeure. Si, par l'effet de la force majeure, le transport n'est pas effectué dans le délai convenu, il n'y a pas lieu à indemnité contre le voiturier pour cause de retard. La réception des objets transportés et le paiement du prix de la voiture éteignent toute action contre le voiturier. En cas de refus ou de contestation pour la réception des objets transportés, leur état est vérifié et constaté par des experts nommés par le président du tribunal de commerce, ou, à son défaut, par le juge de paix, et par ordonnance au pied d'une requête. Le dépôt ou séquestre, et ensuite le transport dans un dépôt public, peuvent en être ordonnés. La vente peut en être ordonnée au profit du voiturier jusqu'à concurrence du prix de la voiture. Toutes ces dispositions sont applicables aussi bien aux maîtres de bateaux, entrepreneurs de diligences et voitures publiques, qu'aux voituriers.

» Toutes actions contre le commissionnaire ou le voiturier à raison de la perte ou de l'avarie des marchandises sont prescrites après six mois pour les expéditions faites dans l'intérieur de la France, et après un an pour celles faites à l'étranger; le tout à compter, pour les cas de perte, du jour où le transport des marchandises aurait dû être effectué, et, pour les cas d'avarie, du jour où la remise des marchandises aura été faite, sans préjudice des cas de fraude ou d'infidélité. »

L'acquéreur, en prenant toutes les précautions dont j'ai parlé plus haut et en se conformant aux dispositions du Code, sauvegardera ses intérêts et ne pourra se reprocher d'avoir accepté un orgue en mauvais état de livraison.

Placement de l'Orgue.

On donnera plus de sonorité à l'orgue en le plaçant sur une sorte d'estrade en bois de sapin, à laquelle on aura préalablement fait pratiquer deux longues ouvertures en forme d'S.

L'orgue placé dans le chœur, ou ce qui vaut mieux sur une tribune, offre aussi beaucoup de sonorité. Eviter de le placer à nu sur le sol, à cause de l'humidité.

DES REGISTRES ET DE LEUR COMBINAISON, — DES FAUX REGISTRES, — DU COPULA.

Les registres agissent chacun sur un demi-jeu, soit de la basse du clavier jusqu'au milieu, soit du milieu jusque dans les dessus; leur nombre est plus grand dans les dessus que dans les basses, par la raison que les basses tendent toujours à couvrir les dessus : ainsi un orgue de quatre jeux possède seulement trois demi-jeux ou registres dans les basses; tandis qu'il en possède cinq dans les dessus.

Les registres étant à l'orgue l'imitation, plus ou moins parfaite, de divers instruments, on les combinera de différentes manières, et selon les effets d'orchestre que l'on voudra produire.

Les faux registres, tels que sourdine, écho, lointain, demi-lointain, harmonie voilée, forté, etc., ne sont utiles en rien à l'exécutant; ils font nombre, voila tout, et si certains facteurs les admettent, c'est tout simplement pour répondre aux exigences de ceux qui n'estiment un orgue que lorsqu'il offre à la vue un grand nombre de registres.

Le *copula*, ou grand jeu, sorte de bascule qui ouvre et ferme tous les jeux instantanément, est très précieux, en ce sens qu'avec son aide on peut passer du doux au fort, et des solos, soit de flûte, soit de clarinette, soit de haut-bois, aux chœurs retentissants, sans déranger les mains du clavier.

TERMES ITALIENS LES PLUS USITÉS POUR L'INDICATION DES MOUVEMENTS.

Largo. — Largement. C'est le plus lent des mouvements.

Larghetto. — Un peu moins lent que *largo*.

Adagio. — Aller posément, et moins lent que *largo*.

Grave ou *gravement*. — Lenteur dans le mouvement, et de plus une certaine gravité dans l'exécution.

Affettuoso. — Mouvement moyen entre l'*andante* et l'*adagio*; et, dans le caractère du chant, une expression affectueuse et douce.

Amoroso. — Tendrement. C'est un mouvement lent et doux.

Andante. — Allant. Il caractérise un mouvement marqué sans être gai, et qui répond à peu près à celui qu'on désigne, en français, par le mot gracieusement.

Andantino. — Un peu moins de gaîté dans ce mouvement que dans celui de l'*andante*.

Moderato. — Modéré. C'est un mouvement moyen entre le lent et le gai; il répond à *andante*.

Grazioso. — Gracieusement.

Allegro. — Gai.

Allegretto. — Moins vite qu'*allegro*.

Vivace. — Gai et animé.

Presto. — Vite.

Prestissimo. — Très vite.

Cantabile. — Chanter aisément et sans se presser.

Dolce. — Doux.

Piano. — Doux. On le marque souvent par un *P*.

Pianissimo. — Très doux. On le marque souvent par *PP*.

Mezzo forte. — A demi-jeu.

Mezzo voce. A demi-voix.

Forte. — Fort. On le marque par un *F*.

Fortissimo. — Très fort. On le marque par *FF*.

Sotto voce. — Chanter à demi-voix, ou jouer à demi-jeu.

Rinforzando. — Enfler le son subitement. On le marque souvent par cet abrégé : *Rinf.*

Sostenuto. — Soutenir le son.

Smorzando. — Laisser mourir le son peu à peu.

Solo. — Seul.

Outre ces termes, voici les signes et mots qu'on emploie dans l'étude de l'orgue.

Diminuendo ou $>$ *diminuo*. Diminuer le son par degrés.

Crescendo, ou $<$ *cresc.* — Augmenter le son par degrés.

Ce signe $\wedge$, placé au dessous de la note, indique qu'elle doit être attaquée avec fermeté.

Rallentando, ou *rall*. — En ralentissant.

Da capo ou *D. C* —Reprendre le commencement.

Octavo ou 8vo. — A l'octave.

Loco. — A l'endroit ordinaire. Ce mot se place après 8vo.

Ad libitum. — A volonté.

DE L'ÉTUDE DES NOTES SUR LE CLAVIER ET DE LA MANIÈRE DE LES CONNAITRE INSTANTANÉMENT.

On appelle :

Do ou *Ut*,

La note placée avant les deux touches noires ; toutes les notes qui occupent cette position sont des *do* ou des *ut*.

Ré,

La note placée entre les deux touches noires.

Mi,

La note placée après les deux touches noires.

Fa,

La note placée avant les trois touches noires.

Sol,

La note placée entre la première et la seconde des trois touches noires.

La,

La note placée entre la deuxième et la troisième des trois touches noires.

Si,

La note placée après les trois touches noires.

Les touches noires qui sont placées sur le clavier et qui se trouvent entre deux touches blanches indiquent les demi-tons. Comme il n'y a naturellement qu'un demi-ton entre les notes *mi* et *fa*, et de même entre les notes *si* et *do*, on ne trouvera point de touches noires entre ces deux notes.

En montant le clavier de gauche à droite, chaque touche noire est le dièse de la touche blanche qui est avant elle, et le bémol de celle qui est après.

DE L'ÉTUDE DES PÉDALES.

L'étude des pédales, sans être difficile, demande cependant quelques jours d'application et de travail. Cette étude est indispensable et ne peut être négligée, car celui qui l'omettrait ou ne s'y appliquerait point serait incapable de tirer bon parti d'un orgue.

Pour faire agir les pédales, il est indispensable d'y placer les pieds et de les faire mouvoir alternativement, sans les déplacer, sans secousse et sans suivre un mouvement par trop uniforme. Ne pas attendre que l'une des pédales soit arrivée au bas de sa course pour faire commencer à l'autre la sienne. Les agiter plus ou moins activement, selon le nombre plus ou moins grand de registres tirés à la table placée sur le clavier; les agiter très activement lorsque le grand jeu ou *copula* est ouvert. Enfin, s'exercer à les faire agir en *crescendo* et en *diminuendo*.

On comprendra que les renseignements que je puis donner sur l'étude de l'orgue sont excessivement limités; pour y suppléer, je recommande la méthode de Marius-Gueit, annoncée au dos de ce livre.

CHAPITRE VII ET DERNIER.

Définitions diverses.

Je me suis abstenu de faire suivre du nom de leur auteur les articles qui composent ce chapitre, afin de ne point les embrouiller de citations inutiles ; ces articles d'ailleurs sont trop généralement appréciés pour que l'on me soupçonne de vouloir m'en faire honneur.

Accord. — Union de deux ou plusieurs sons rendus à la fois et formant ensemble un tout harmonique.

Il n'existe en harmonie qu'un seul *accord* qui contient tous les autres.

Cet *accord* est formé des premiers produits du corps sonore ou des premières divisions du monocorde. Une corde tendue donne dans sa totalité un son que je nommerai *sol*, sa moitié donne un *sol* à l'octave du premier, son tiers donne un *ré* à la douzième, son quart donne un *sol* à la double octave, son cinquième donne un *si* à la dix-septième, son sixième donne un *ré* octave du tiers, son septième donne un *fa* à la vingt-unième, son huitième donne un *sol* à la triple octave, son neuvième donne un *la* à la vingt-troisième.

Ainsi, en partant du quart de la corde, ou de la double octave du premier son, on trouve en progression de tierces l'*accord sol, si, ré, fa, la*.

En commençant cette opération à la triple octave, qui est le huitième de la corde, et laissant les notes intermédiaires, on trouve l'*accord sol, si, ré, fa, la bémol*, qui est le même *accord* que le précédent dans le mode mineur.

Cet *accord* contient tous ceux qui sont pratiqués dans l'harmonie, savoir :

L'*accord* parfait majeur, *sol, si, ré*.

L'*accord* parfait mineur, *ré, fa, la*.

L'*accord* de quinte diminuée, *si, ré, fa*.

L'*accord* de 7e dominante, *sol, si, ré, fa*.

L'*accord* de 7e de sensible, *si, ré, fa, la*.

L'*accord* de 7e diminuée, *si, ré, fa, la bémol*.

L'*accord* de 9e majeure dominante, *sol, si, ré, fa, la*.

L'*accord* de 9e mineure dominante, *sol, si, ré, fa, la bémol*.

Ces *accords* et leurs renversements sont les seuls

qu'on puisse faire sans aucune préparation ; ils forment l'harmonie simple ou naturelle.

Les autres *accords* introduits dans l'harmonie se forment par la prolongation d'une ou plusieurs notes d'un *accord* sur l'accord suivant ; ils forment l'harmonie composée.

Accorder des instruments. — C'est tendre ou lâcher les cordes, allonger ou raccourcir les tuyaux, augmenter ou diminuer la masse du corps sonore, jusqu'à ce que toutes les parties de l'instrument soient au ton qu'elles doivent avoir.

Pour *accorder* un instrument, il faut d'abord déterminer un son qui serve aux autres de terme de comparaison : c'est ce qu'on appelle prendre ou donner le ton. L'*ut*, étant la première note de notre gamme, semblait devoir être ce régulateur ; on a choisi le *la* comme étant porté à vide par tous les instruments à corde. On peut encore justifier cette préférence en disant que les anciens commençaient leur système par *la*, la plus basse de toutes les notes de leur échelle vocale et la plus basse du diapason particulier de chaque voix. Cette disposition a été suivie par Boëce, Guido d'Arezzo et par les modernes, attendu que les voix les plus graves ne descendent guère plus bas que le *la*, et que les voix aiguës ne montent pas beaucoup au dessus. Ce *la* s'obtient au moyen d'un diapason.

Antienne, en latin *Antiphona*. — Les *antiennes* ont été ainsi nommées parceque dans l'origine on les chantait à deux chœurs qui se répondaient alternativement; et l'on comprenait sous ce titre les hymnes et les psaumes que l'on chantait dans l'église à deux chœurs. Aujourd'hui la signification de ce terme est restreinte à certains passages courts, tirés de l'Ecriture, qui conviennent au mystère, à la vie ou à la dignité du saint dont on célèbre la fête, et qui, soit dans le chant, soit dans la récitation de l'office, précèdent ou suivent les psaumes et les cantiques. Il y a des *antiennes* qui se chantent seules : telles sont celles de station, de commémoraison, de procession, et les *grandes antiennes* dont le chant est plus pompeux et plus solennel que celui des *antiennes* ordinaires. Il y a quelques églises où l'on chante entièrement l'*antienne* avant et après le psaume; mais l'usage le plus généralement reçu est d'entonner seulement les deux ou trois premiers mots de l'*antienne*, et quelquefois un seul, avant le psaume, afin de donner le ton, et de ne chanter entièrement l'*antienne* qu'après le psaume du cantique.

ANTIPHONIER ou ANTIPHONAIRE. — Livre qui contient en notes les antiennes et autres chants dont on use dans l'église.

AIR. — Chant qu'on adapte aux paroles d'une chanson ou d'une petite pièce de poésie propre à être chantée ; et, par extension, l'on appelle *air* la chanson même.

Dans les opéras l'on donne le nom d'*airs* à tous les chants mesurés, pour les distinguer du récitatif, et généralement on appelle *air* tout morceau complet de musique vocale ou instrumentale formant un chant, soit que ce morceau fasse lui seul une pièce entière, soit qu'on puisse le détacher du tout dont il fait partie et l'exécuter séparément.

Si le sujet ou le chant est partagé en deux parties, l'*air* s'appelle *duo* ; si en trois, *trio*, etc.

CANTIQUE. — Hymne que l'on chante en l'honneur de la divinité.

Les premiers et les plus anciens *cantiques* furent composés à l'occasion de quelque événement mémorable, et doivent-être comptés entre les plus anciens monuments historiques.

Ces *cantiques* étaient chantés par des chœurs de musique, et souvent accompagnés de danses, comme il paraît par l'Ecriture. La plus grande pièce qu'elle nous offre en ce genre est le *Cantique des cantiques*, ouvrage attribué à Salomon.

Cécile (Sainte).—Vierge et martyre. Issue d'une noble extraction romaine, elle fut élevée dans le christianisme au sein d'une famille payenne. Obligée par ses parents de s'engager dans le mariage, elle convertit Valérien, son époux, le premier jour de ses noces, sans enfreindre le vœu de virginité perpétuelle qu'elle avait fait dans sa plus tendre jeunesse. Enfin, elle souffrit le martyre à Rome vers l'an 230, sous le préfet Almaque, pendant le règne de l'empereur Alexandre Sévère. Fortunat de Poitiers, le plus ancien auteur qui ait parlé de cette sainte, la fait mourir en Sicile, entre les ans 176 et 180, sous les empereurs Commode et Marc-Aurèle. C'est de là que son corps fut transporté à Rome. Le nom de *sainte Cécile* se trouve dans les plus anciens martyrologes, son office dans les plus anciens missels, et l'Eglise l'a placée dans le canon de la messe comme vierge et martyre.

Sainte Cécile cultivait la musique et s'accompagnait des instruments en chantant les louanges du Seigneur ; c'est à cause de cela que les musiciens l'ont choisie pour leur patronne. Le poète Santeuil a composé trois belles hymnes pour le jour de la fête de cette sainte, qui se célèbre le 22 novembre. Les hymnes de Santeuil ont été souvent mises en musique et chantées, comme morceaux d'offertoire, aux messes que les musiciens exécutent avec grande pompe en l'honneur de leur patronne.

HARMONIE. — Plusieurs sons résonnant ensemble forment un accord. La succession de plusieurs accords forme l'*harmonie*.

Deux voix, dont l'une fait entendre *ut, sol, mi*, tandis que l'autre porte à l'aigu *mi, ré, ut*, donnent une *harmonie* simple et agréable. La réunion de deux parties suffit pour constituer l'*harmonie*, mais on ajoute à son effet en augmentant leur nombre et celui des exécutants. Une marche guerrière, une symphonie à grand orchestre, un chœur dramatique, un psaume en faux-bourdon, et soutenu par les sons pleins et majestueux de l'orgue, sont de beaux résultats harmoniques.

Les anciens ne connaissaient pas l'*harmonie*, et ce mot, qui nous vient des Grecs, n'était point chez

— 68 —

eux un terme particulièrement consacré à la musique. Leurs chants, entièrement mélodiques, s'exécutaient à l'unisson ou à l'octave, selon le diapason des voix et des instruments.

Les morceaux de musique que la liturgie chrétienne nous a conservés, et les auteurs qui ont écrit sur cette matière, s'accordent à nous prouver que le chant à plusieurs parties diversement coordonnées était ignoré des anciens. Ce fait n'est plus contesté. D'ailleurs on sait que l'*harmonie* n'a été inventée que pendant le huitième siècle, et que, par conséquent, son existence ne remonte pas au-delà du moyen âge.

HYMNE s'emploie ordinairement au féminin en parlant des *hymnes* qu'on chante dans l'église : *entonner une* hymne, *chanter une* hymne, *une belle* hymne.

Santeuil a fait un grand nombre de belles *hymnes*, parmi lesquelles on remarque celle pour le jour de la Purification, *Stupete, gentes*, et une de celles pour la fête de sainte Cécile, *Festis lœta sonent*.

MÉLODIE. — Succession de sons tellement ordonnée selon les lois du rythme et de la modulation, qu'elle forme un sens agréable à l'oreille ; la *mélodie* vocale s'appelle chant, et l'instrumentale symphonie. Un chœur religieux chanté et accompagné à l'unisson est une mélodie.

La *mélodie* appartient tout entière à l'imagination ; elle est le résultat d'une heureuse inspiration, et non des calculs de la science. En effet, on n'apprend pas à avoir de l'esprit ou du sentiment. Ces traits vigoureux et sublimes, les pensées fines ou naïves, le charme délicieux que l'on rencontre dans Corneille et Racine, Molière et La Fontaine, ne sont point les fruits de l'étude. L'art peut embellir l'œuvre du génie ; il est presque toujours étranger au don de créer, que nous recevons directement de la nature.

Avec de l'imagination et du goût, tout homme peut former des *mélodies*. Dans les champs de la Provence, le laboureur en suivant ses bœufs, le pâtre du Léberon en gardant ses troupeaux, chantent des airs qu'ils composent quelquefois à l'instant même. Dans ces mélodies irrégulières et peu variées, on rencontre souvent des traits de caractère, des tours originaux, des passages dont le charme frappe si vivement le musicien, qu'il s'empresse de les recueillir. Les forêts et les montagnes ont aussi leurs compositeurs : les airs russes, helvétiens, écossais, tyroliens, morlaques, italiens, provençaux, et ceux des muletiers de l'Estramadoure, ont tous été trouvés par de rustiques chanteurs.

Plusieurs littérateurs français ignorant les règles de la composition nous ont donné des hymnes d'une grande beauté, des romances charmantes, etc. Rousseau, maître Adam et Rouget de l'Isle sont de véritables troubadours ; ils ont inventé ; et leurs chants mélodieux resteront, la nature les a dictés. Henri IV n'était pas musicien ; il a cependant composé une des meilleures romances que l'on connaisse.

Cette faculté de créer ne s'étend pas au delà du cercle rétréci de la romance et du petit air. Celui qui compose d'instinct serait aussi embarrassé dans la conduite de ces *mélodies*, et des diverses modulations qu'exige un cadre plus étendu, que s'il s'agissait de les ajuster sur une harmonie régulière. La modulation appartient déjà à l'art ; l'harmonie est toute dans son domaine. L'oreille peut faire deviner la première ; la seconde est un mystère impénétrable à celui qui ne s'est point fait initier.

La *mélodie* est, à proprement parler, le discours musical ; chaque partie a sa *mélodie*, son chant ou son discours à part, qui concourt, selon ses moyens, à l'effet du discours principal, que l'on nomme le *dessus*, le *chant*, ou la *mélodie*. La partie ou voix qui exécute le chant le plus saillant, ou ce que l'on nomme l'*air* d'un morceau, est la partie principale, parceque c'est celle qui est chargée de l'exécution du discours de celui-ci, auquel on donne plus spécialement le nom de *mélodie*.

La *mélodie* peut passer tour à tour d'une voix ou d'un instrument à un autre. On la place ordinairement au dessus des accompagnements. Il est pourtant des cas où ceux-ci la dominent, dans les récits de basse, par exemple. La *mélodie* concourt avec l'harmonie à tous les effets de la musique, et la réunion de ces deux puissances musicales forme l'objet de la composition.

On étudie l'harmonie et la composition ; mais, la *mélodie* étant l'œuvre immédiate du génie, on n'a pas cru devoir lui assigner des règles fixes.

Le mot *mélodie* vient du grec; il est formé de *mélos*, vers, et *odê*, chant, ce qui fait *chant de vers*. On en a fait *mélodie* pour exprimer les charmes de la musique, parcequ'en effet de beaux vers en belle musique sont tout ce qui existe de plus agréable à entendre.

Messe.—OEuvre de musique composée sur les paroles de certaines prières de la *messe*, savoir : le *Kyrie*, le *Gloria*, le *Credo*, le *Sanctus* et l'*Agnus Dei*.

Les Italiens se bornent quelquefois au *Kyrie* et au *Gloria*.

La *messe des Morts* ou de *Requiem* diffère de la *messe solennelle* par son introït *Requiem æternam*, que l'on met en musique et qui précède immédiatement le *Kyrie*; le graduel *Requiem æternam*, etc., la prose *Dies iræ*, l'offertoire *Domine Jesu-Christe*, y remplacent le *Gloria* et le *Credo*. Viennent ensuite le *Sanctus* et l'*Agnus Dei*, qui sont suivis de *Lux æterna*, qui termine la messe des Morts.

Les paroles de la *Messe* sont fort belles et très favorables à la musique ; elles présentent tous les caractères nobles et fournissent des contrastes dont un compositeur habile sait tirer parti. Le *Kyrie* est une prière affectueuse, le *Gloria* s'ouvre par un début éclatant. Le *Credo*, majestueux d'abord, passe de l'expression d'un sentiment tendre à celle de la plus profonde tristesse. Les effets bruyants du *Resurrexit* contrastent avec l'abattement de la douleur, la trompe du jugement fait entendre ensuite ses accents terribles et solennels, et le discours musical a pour péroraison un final brillant et rapide dans l'*Et vitam*, qui est ordinairement traité en fugue. Le *Sanctus* et l'*Agnus Dei* sont deux prières : l'une a le caractère imposant et pompeux, l'autre est d'une expression pleine de suavité. Voilà déjà beaucoup de musique; cependant, les jours de grande fête, on ne laisse pas d'ajouter encore à la *messe* un morceau d'offertoire, un *O salutaris hostia*, et un *Domine salvum*.

Cette espèce de *messe* reçoit le nom de solennelle. La *messe des Morts* n'offre pas moins de ressources au musicien; mais sa couleur est trop uniforme en ce que les paroles en sont tristes d'un bout à l'autre, et que les morceaux communs aux deux espèces de *messe*, tels que le *Kyrie*, le *Sanctus* et l'*Agnus Dei*, doivent avoir aussi ce caractère de tristesse.

On remarquera sans doute que dans les *messes* anciennes le *Gloria* débute par ces mots : *Et in terra pax*, et le *Credo* par ceux-ci : *Patrem omnipotentem*. Cela vient de ce qu'autrefois les chanteurs attendaient pour commencer que le prêtre eût dit ces mots : *Gloria in excelsis Deo*, et *Credo in unum*

Deum, comme cela se pratique dans les *messes* en plain-chant, où le chœur répond au célébrant. Cet usage n'existe plus relativement à la musique, et le *Gloria* et le *Credo* s'ouvrent maintenant par leur début ordinaire, ce qui vaut beaucoup mieux pour l'effet.

Motet, en italien *Motetta*. — Ce mot signifiait anciennement une composition fort recherchée, enrichie de toutes les beautés de l'art, et cela sur une période fort courte, d'où lui vient selon quelques uns le nom de *motet*, comme si ce n'était qu'un mot; d'autres croient que ce nom vient de *motus*, mouvement, parceque la partie du chant, devant être fleurie, a un mouvement plus rapide que le chant *simple* ou le plain-chant, qui lui sert parfois de base.

Aujourd'hui, on donne le nom de *motet* à tout morceau de musique fait sur des paroles latines prises dans les psaumes, les hymnes ou les antiennes.

Musique. — Art de combiner les sons d'une manière agréable à l'oreille. Cet art devient une science, et même très profonde, quand on veut trouver les principes de ses combinaisons, et les raisons des affections qu'elles nous causent.

On suppose communément que le mot *musique*

vient de *Musa*, parcequ'on croit que les Muses ont inventé cet art; mais Kircher, d'après Diodore, fait venir ce nom d'un mot égyptien, prétendant que c'est en Egypte que la *musique* a commencé à s'établir après le déluge, et qu'on en reçut la première idée du son que rendaient les roseaux qui croissent sur le bord du Nil quand le vent soufflait dans leurs tuyaux. Quoi qu'il en soit de l'étymologie du nom, l'origine de l'art est certainement plus près de l'homme, et si la parole n'a pas commencé par du chant, il est sûr au moins qu'on chante partout où l'on parle.

On sait que la *musique* n'est sortie des langes de l'enfance que dans les temps modernes. Les idées religieuses des Grecs s'opposaient aux progrès de cet art. La *musique* étant consacrée à la divinité, un novateur hardi qui aurait osé changer quelque chose aux anciens systèmes eût été sévèrement puni. Therpandre et Thimothée furent mis à l'amende pour avoir augmenté le nombre des cordes de la lyre. Les anciens n'ont point connu l'harmonie, et la nature de leurs instruments nous prouve que leur mélodie était pauvre, traînante et peu variée. Cela n'empêche pas d'ajouter foi à la plupart des merveilles dont on lui fait honneur.

Qu'importent les moyens si l'on parvient à plaire et à séduire? En est-il de faibles sur une âme tout à fait neuve aux combinaisons des sons? Faisons une juste compensation de ce que l'art a gagné, et de ce que sa perfection nous a fait perdre en sensibilité, en accoutumant nos organes aux résultats que produit l'union de toutes les puissances harmoniques, et nous pouvons conclure que les effets de la *musique* ont été les mêmes dans tous les temps.

Quel art donne des jouissances aussi pures et laisse dans le cœur une impression plus profonde? Tous les peuples du monde chantent et dansent; il y en a bien peu qui connaissent la peinture et la poésie. Compagne fidèle de l'homme, la *musique* embellit son existence, et l'aide à supporter les fatigues d'un pénible voyage. S'il jouit des faveurs de la fortune, elle vient multiplier ses plaisirs; malheureux, elle le console. Exprimant tour à tour ses désirs, son ivresse ou sa reconnaissance, elle entretient dans son cœur le feu sacré de la sensibilité, l'entraîne aux combats, anime son courage par des sons belliqueux, et c'est elle encore qui doit présider aux fêtes triomphales et porter aux cieux l'hommage du vainqueur.

Comme pour les autres arts, les Romains se contentèrent d'imiter la *musique* des Grecs ; et cet art, dont la superstition et les lois non civiles d'Athènes avaient arrêté les progrès, n'en fit aucun à Rome. C'était toujours la même pauvreté d'invention et d'exécution. La simplicité de la *musique* ancienne avait pourtant ses avantages, puisqu'elle permettait au chorège d'employer, sans confusion, un nombre infini de musiciens. Ces grandes masses de son, ces colosses mélodiques, produisaient des effets surprenants, et leur immensité démontre la petitesse des moyens dont on se servait pour les obtenir.

Comment imaginer que six mille, dix mille exécutants ont été entendus à la fois, si l'on ne suppose que leur *musique* n'était qu'une lourde et monotone psalmodie? On suit sans peine une mesure qui descend gravement au lieu de tomber avec rapidité.

La *musique*, très cultivée à Rome sous les premiers empereurs, jouit du plus brillant éclat pendant le règne de Néron, qui lui-même était excellent musicien. Mais après sa mort les cinq mille chanteurs ou joueurs d'instruments qu'il entretenait à ses frais furent congédiés, et la *musique* éprouva un déclin sensible. Heureusement les premiers chrétiens, en l'admettant dans leurs cérémonies, la sauvèrent de l'abandon qui la menaçait.

On ne sait point au juste quel fut l'état de la *musique* durant les quatre premiers siècles de l'église. Les principes étaient toujours les mêmes, si l'on en juge d'après un traité que nous a laissé saint Augustin; mais il paraît que la pratique du chant ecclésiastique était tombée dans un grand désordre, et ce fut là ce qui porta saint Ambroise, archevêque de Milan, qui vivait vers la fin du quinzième siècle, à lui donner une constitution fixe. Saint Grégoire, deux cents ans plus tard, s'occupa du même objet, composa le rituel en choisissant les meilleures pièces qui restaient de l'antiquité, et forma le système connu sous le nom de *chant romain*, *chant grégorien* ou plain-chant, qui subsiste encore aujourd'hui tel qu'il l'a établi.

Lorsqu'au commencement du sixième siècle, tout l'empire d'Occident fut envahi par les barbares, on négligea, on oublia même entièrement les arts. La *musique* se trouva réduite aux chants d'église et aux chants nationaux de ces peuples. Mais les Goths d'Italie cultivèrent les arts et prirent les mœurs des hommes qu'ils avaient subjugués. Le système moderne prit naissance, en se formant peu à peu du mélange des notions musicales des peuples barbares avec le reste de la *musique* des Grecs.

Clovis avait demandé un musicien à Théoric, qui lui envoya le chanteur Acorède, désigné par le savant Boèce comme capable d'enseigner l'art du chant et celui de jouer des instruments aux prêtres et aux chantres du roi de France.

En 757, Constantin Copronyme, empereur d'Orient, fit présent d'un orgue à Pépin, père de Charlemagne, qui le donna à l'église de Saint-Corneille de Compiègne. L'usage ne tarda pas à s'en répandre dans toutes les églises de France, d'Italie et d'Angleterre.

L'invention d'un instrument si riche de moyens et d'effets, quoique borné alors au seul jeu de régale, qui n'y existe plus, exerça une grande influence sur les progrès de l'art.

Ce fut dans le commencement du onzième siècle, en 1022, que l'échelle musicale prit la forme qu'elle a conservée jusqu'à ce jour. Cette révolution est principalement due à Guido, bénédictin du monastère de Pomposa, né à Arezzo, ce qui l'a fait nommer vulgairement parmi nous Guy d'Arezzo. On lui attribue aussi l'invention du contre-point. Cet art, quoique bien peu avancé, existait pourtant avant lui, et voici quelle fut son origine.

Dès que l'on posséda l'orgue dans les églises, on s'en servit pour accompagner le chant; cet accompagnement se fit d'abord à l'unisson. Mais la facilité de faire entendre plusieurs sons à la fois fit remarquer que parmi les diverses unions de sons il s'en trouvait d'agréables à l'oreille, et l'on appelait *organiser* un chant lorsque dans ses terminaisons on donnait quelques tierces mineures. L'organisation double consistait à faire marcher l'orgue en quarte au dessous et en quinte au dessus du chant, et de la placer de temps en temps en pédale au grave.

De l'orgue cette méthode passa aux voix, et l'on trouva enfin après bien des essais et des tâtonnements le chant à plusieurs parties, cette harmonie, trésor de la *musique* moderne, que les anciens n'ont jamais connue, cette harmonie dont les combinaisons ingénieuses, les effets ravissants, marquent l'immense supériorité de notre *musique* sur le plain-chant lourd et monotone des Grecs. On inventa de nouveaux caractères pour écrire le discours musical, qui, au lieu de procéder par notes égales, fut soumis aux lois de la mesure et du rhythme. Vers la fin du treizième siècle, on avait déjà établi la défense de faire deux consonnances parfaites de suite par mouvement semblables, et une foule de préceptes sur la succession des intervalles que l'on suit encore aujourd'hui.

Uniquement occupés des formes de l'art qu'ils avaient à créer, les compositeurs qui ont fleuri pendant les deux siècles suivants négligeaient entièrement l'expression ; et, dans la *musique* d'église, à laquelle ils se livraient presque exclusivement, ils entassaient tellement les recherches d'harmonie et de dessin, que, ne présentant plus que des effets bruyants ou singuliers, elle devenait un objet d'amusement ou de distraction, au lieu d'inspirer la dévotion ou le recueillement. Plus d'une fois les souverains pontifes avaient formé des projets de réforme. Enfin, le mal étant au comble, le pape Marcel II, qui régnait en 1555, prit le parti de la supprimer tout à fait. Le décret allait être promulgé, lorsqu'un jeune compositeur se présente et demande que l'on veuille bien entendre une messe dont il était l'auteur. Le pape ayant agréé l'offre, Palestrina fait exécuter devant lui une messe à six voix, d'une harmonie pure, d'un dessin savant et correct, d'un caractère religieux et solennel. Cette composition réunit tous les suffrages, le pape révoque son décret, et charge Palestrina de composer, dans le même style plusieurs offices pour le service de l'Église. Il devint le créateur du genre qui porte son nom, et dans lequel il n'a jamais été égalé. Ses compositions subsistent en Italie, et principalement à Rome, où elles s'exécutent sans cesse. Il est bien à désirer qu'elles soient introduites dans les cathédrales de France. Voilà un exemple à citer à ceux qui prétendent que la *musique* est soumise aux caprices de la mode; il n'y a que les mauvais ouvrages qui tombent dans l'oubli, le vrai beau est de tous les âges.

Les messes en latin, les graduels, les offertoires, les psaumes, les hymnes, les antiennes, les motets, les jérémies, composés dans le style *a capella*, à quatre, cinq, huit, voix; avec ou sans orgue, dans le contrepoint, sévère ou libre, ou sans orchestre, et certains oratorios, forment ce que l'on appelle *musique d'église*.

NOËLS. — Airs destinés à certains cantiques chantés aux fêtes de Noël. Les airs des *Noëls* doivent avoir un caractère champêtre et pastoral, convenable à la simplicité des paroles et à celle des bergers, qu'on suppose les avoir chantés en allant rendre hommage à l'Enfant-Jésus dans la crêche.

Nos organistes jouent beaucoup de *Noëls* pendant les fêtes de la Nativité et les quarante jours qui les suivent. Cette coutume est générale en Italie, et les Noëls obtiennent une préférence si exclusive sur toute autre musique d'orgue, que pendant ces quarante jours l'orgue perd quelquefois son nom, pour prendre celui de la cornemuse, dont il imite les effets; et l'on dit *suonar la piva*, jouer de la cornemuse, au lieu de dire jouer de l'orgue, attendu que, pareil à la cornemuse, l'orgue ne sert qu'à exécuter des chants de bergers, des musettes et des villanelles.

PARTITION est, chez les facteurs d'orgues et de pianos, une règle pour accorder l'instrument, en commençant par une corde ou tuyau de chaque touche, dans l'étendue d'une octave ou un peu plus, prise sur le milieu du clavier, et sur cette octave ou *partition* l'on accorde ensuite tout le reste. Voici comment on s'y prend pour former la *partition* :

Après avoir accordé sur le diapazon le quatrième *la* de l'orgue ou du piano, compté du grave à l'aigu, vous descendez à l'*ut*, qui se trouve immédiatement au dessous, et vous mettez cette note en rapport avec ce *la*, sa sixte majeure. Vous partez ensuite de l'*ut*, sur lequel vous accordez le *sol*, quinte aiguë de cet *ut*. Du *sol* vous descendez sur le *ré*, quarte du même *sol*. De *ré* vous montez au *la*, quinte aiguë du même *ré*. Du *la* vous descendez sur le *mi*, quarte de ce *la*, et ainsi de suite : *mi si, si fa dièse, fa dièse ut dièse, ut dièse sol dièse (la bémol), la bémol mi bémol, mi bémol si bémol, si bémol fa bécarre, fa ut bécarre;* après avoir accordé cet *ut*, vous le faites sonner avec son octave basse, qui est votre point de départ : s'il est parfaitement d'accord avec elle, la *partition* est bonne, et vous accordez le reste du clavier par octaves en montant et en descendant.

On voit que la *partition* n'est qu'une suite de quintes auxquelles les quartes intermédiaires servent de point d'appui. Si l'on faisait toutes ces quintes justes, il y aurait surabondance, et les octaves seraient trop élevées; il faut donc y remédier par le tempérament, en affaiblissant tant soit peu les trois ou quatre premières quintes.

PLAIN-CHANT. — C'est le nom que l'on donne au chant ecclésiastique. Ce chant, tel qu'il subsiste encore aujourd'hui, est un reste bien précieux de l'ancienne musique grecque.

Le *plain-chant* ne se note que sur quatre lignes, et l'on n'y emploie que deux clefs, savoir : la clef d'*ut* et la clef de *fa* ; qu'une seule mesure, celle à deux temps, et des notes de valeurs égales, etc.

Saint Ambroise, archevêque de Milan, est regardé comme l'inventeur du *plain-chant* ; c'est-à-dire qu'il donna le premier une forme et des règles au chant ecclésiastique, pour l'approprier à son objet, et le garantir de la barbarie et du dépérissement où tombait, de son temps, la musique. Saint Grégoire, surnommé le Grand, pape, le perfectionna et lui donna la forme qu'il conserve encore aujourd'hui à Rome et dans les églises où se pratique le chant romain.

PROSE. — L'*Alleluia* se chantait, anciennement comme aujourd'hui, avec un ton qui marquait la joie. C'est pour cela qu'à la fin on ajoutait une multiplication de notes de plain-chant qu'on appela *pneuma* ou *jubilius*, c'est-à-dire chant de joie. Il y eut des églises où l'on ajouta dans la suite quelques paroles pour être chantées, ou sur ces notes de plain-chant, ou à leur place, mais toujours d'un ton de joie. Ces paroles furent nommées *sequentia*, suite de l'*Alle-*

luia, et en quelques lieux *prose,* attendu qu'elles n'étaient pas composées en vers comme les hymnes et autres chants. C'est là l'origine des *proses* qu'on chante les jours de fête solennelle à la messe, après l'*Alleluia.*

L'usage des proses était très fréquent autrefois. L'office romain n'en a conservé que trois : *Victimæ paschali laudes,* pour la Pentecôte; *Lauda Sion salvatorem,* pour la fête du Saint-Sacrement. On les chante bien souvent en musique.

Si l'on suivait le premier esprit des *proses* dans leur institution, on ne devrait point en dire dans les messes des morts, puisqu'à ces messes-là on ne chante jamais l'*Alleluia.* Mais la *prose* des morts, *Dies iræ,* est si belle que les correcteurs de missels n'ont jamais voulu la supprimer ; d'ailleurs son mouvement à notes égales la rend semblable pour l'exécution à toutes les autres pièces de plain-chant.

PSALMODIER. — C'est chanter ou exécuter les psaumes et l'office d'une manière particulière, qui tient le milieu entre le chant et la parole. C'est du chant, parceque la voix est soutenue ; c'est de la parole, parcequ'on garde presque toujours le ton, et que l'on y observe exactement le débit oratoire.

Psaume. — C'est une partie de l'office divin, composé originairement en hébreu par le prophète David, et que les Juifs chantaient en s'accompagnant de divers instruments. Zarlin prétend que le pape Léon III en introduisit l'usage dans nos églises, et qu'il en régla lui-même les intonations, les médiations, les terminaisons, et tout ce qui regarde la manière de chanter que l'on appelle *psalmodie*.

Les *psaumes* sont au nombre de cent cinquante. L'Église en a choisi sept pour servir de prières à ceux qui demandent pardon à Dieu de leurs fautes; on les appelle *Psaumes de la pénitence*. Le *Miserere*, qui a servi de texte à tant de belles compositions, est un de ces sept *Psaumes*. Le *Miserere* de Leo, le *Miserere* d'Allegri, sont des œuvres sublimes; on en peut dire autant de la plupart des *psaumes* de B. Marcello, sénateur de Venise.

Le style du prophète David étant très poétique et riche d'images, c'est principalement dans les psaumes que les compositeurs prennent les paroles de leurs motets. Le *Dixit*, l'*Exurgat Deus*, de Lalande, sont très estimés par les connaisseurs.

Solfier. — C'est, en entonnant des sons, pro-

noncer en même temps les syllabes de la gamme qui
leur correspondent. Cet exercice est celui par lequel
on fait toujours commencer ceux qui apprennent la
musique, afin que, l'idée de ces différentes syllabes
s'unissant, dans leur esprit, à celle des intervalles
qui s'y rapportent, ces syllabes leur aident à se rappeler ces intervalles.

Aristide Quintilien nous apprend que les Grecs
avaient, pour *solfier*, quatre syllabes ou dénominations des notes, qu'ils répétaient à chaque tétracorde,
comme nous en répétons sept à chaque octave. Ces
quatre syllabes étaient les suivantes : *tè*, *ta*, *thè*,
tho. Guido d'Arezzo ayant substitué son hexacorde
au tétracorde ancien, substitua aussi, pour le solfier,
six autres syllabes aux quatre que les Grecs employaient autrefois. Ces six syllabes sont les suivantes : *ut*, *ré*, *mi*, *fa*, *sol*, *la*, tirées de la première
strophe de l'hymne de saint Jean-Baptiste, où elles
se trouvaient placées dans leur ordre diatonique.
Elles lui vinrent dans l'esprit par inspiration, en
chantant cette strophe :

       Ut *queant laxis*
       Re *sonare fibris*,

Mi *ra gestorum*
Fa *muli tuorum,*
Sol *ve polluti*
La *bii reatum,*
Sancte Joannes.

Angelo Berardi les a renfermées dans le vers suivant :

Ut Re *levet* Mi *serum* Fa *tum* Sol *itosque* La *bores.*

Le *Si* n'a été inventé et ajouté à la gamme de Guido que plusieurs siècles après.

On a formé ce mot *solfier* de la réunion des noms des deux notes *sol* et *fa*, le *sol* étant la première note du système hexacordal de Guido. C'est par la même raison que la lettre A désigne le *la*, attendu que les lettres ont été affectées à représenter les notes dans un temps où le système n'avait pas encore pour type la gamme d'*ut*.

Son. — Nous désignons par le terme générique de *son*, toutes les sensations que nous recevons par l'organe de l'ouïe. Ces sensations sont de plusieurs espèces, savoir : le bruit, le cri, le son oratoire, le son musical, c'est-à-dire celui de la voix chantante et des instruments.

La musique, en ce qui concerne la composition, est une langue qui a pour élément le *son* musical, en quoi elle diffère des langues ordinaires, qui ont pour élément les *sons* de la voix parlante, que nous appelons *sons oratoires*.

Rien n'est plus aisé que de sentir la différence de ces deux espèces de *sons;* mais rien n'est plus difficile que de la décrire et d'en expliquer la nature. Heureusement, comme l'observe Sulger, l'un n'est pas de notre objet, et l'autre n'est pas nécessaire. Il nous suffit de savoir que des éléments qui lui sont propres la musique forme des combinaisons plus ou moins étendues, offrant à l'esprit des idées plus ou moins simples, des phrases ou des périodes, des pièces entières de tout style et de tout caractère, à l'aide desquelles elle réussit à flatter nos sens, à fixer notre imagination par l'imitation des effets naturels, à émouvoir notre cœur par la peinture des sentiments.

Toutes les modifications dont le *son* est susceptible peuvent se rapporter aux quatre espèces suivantes :

1° Celle du grave à l'aigu, que l'on nomme *ton* ou degré du *son*;

2° Celle du vite au lent, ou la durée, que l'on nomme *temps* ou *quantité*;

3° Celle du fort au faible, que l'on nomme simplement *force* ou *intensité*;

4° Enfin celle de l'aigu au doux, du sourd à l'éclatant, du sec au moelleux, que l'on nomme *timbre*.

On peut faire rentrer dans cette dernière classe les modifications qui proviennent de la manière dont le *son* est produit, c'est-à-dire celles du lié au détaché, et tous les agréments. Peut-être vaudrait-il mieux en faire une cinquième espèce de modification, que l'on nommerait le *caractère du son*.

De ces modifications, la première et la plus importante est celle du ton ou degré. En effet, on peut concevoir que tous les *sons* d'une pièce soient égaux en durée; on en a un exemple dans le plain-chant, et même dans un grand nombre de chants musicaux. On conçoit encore plus facilement qu'ils soient de la même force et du même timbre, comme il arrive lorsque l'on touche sur un seul clavier d'un orgue avec les mêmes registres; mais il est impossible de concevoir une pièce de musique sur le même ton. La variété est donc nécessaire en cette qualité; mais cette variété est soumise à certaines lois : ces lois sont celles de la modulation.

Si la variété n'est pas aussi nécessaire par rapport à la durée que par rapport à l'intonation, la régularité, sans offrir des lois aussi précises, n'est guère moins indispensable. Une suite de *sons*, ou, pour mieux dire, des *sons* isolés, quels qu'en soient d'ailleurs le degré, la force et le timbre, entendus à des distances égales, et sans rapport entre elles, pourront bien exciter notre attention ; mais ils nous causeront une impression bien différente, s'ils observent entre eux des rapports sensibles de durée, et si l'on aperçoit à cet égard un certain ordre dans leur succession.

Cet ordre, dans la durée et dans la succession des *sons* est ce que l'on désigne en général par le terme de *rhythme*.

Les quatre qualités principales dont je viens de parler entrent toutes, quoiqu'en différentes proportions, dans l'objet de la musique, qui est le *son* en général.

En effet, le compositeur ne considère pas seulement si les *sons* qu'il emploie doivent être hauts ou bas, graves ou aigus ; mais s'ils doivent être forts ou faibles, aigres ou doux, sourds ou éclatants ; et il les distribue à différents instruments, à diverses voix, en récits ou en chœurs, aux extrémités ou dans le médium des instruments ou des voix, avec des *piano*, des *forte*, selon les convenances de tout cela.

Mais il est vrai que c'est uniquement dans la comparaison des *sons*, du grave à l'aigu, que consiste toute la science harmonique ; de sorte que, comme le nombre des *sons* est infini, l'on peut dire, dans le même sens, que cette science est infinie dans son objet. On ne conçoit point de bornes précises à l'étendue des *sons* du grave à l'aigu, et, quelque petit que puisse être l'intervalle qui est entre deux *sons*, on le concevra toujours divisible par un troisième *son* ; mais la nature et l'art ont limité cette infinité dans la pratique de la musique. On trouve bientôt dans les instruments les bornes des *sons* praticables, tant au grave qu'à l'aigu. Allongez ou racourcissez, jusqu'à un certain point, une corde sonore, elle n'aura plus de *son*. L'on ne peut pas non plus augmenter ou diminuer à volonté la capacité d'une flûte ou d'un tuyau d'orgue, ni sa longueur ; il y a des bornes passé lesquelles ni l'une ni l'autre ne résonne plus. L'inspiration a aussi sa mesure et ses lois : trop faible, elle ne rend point de *son* ; trop forte, elle ne produit qu'un cri perçant qu'il est impossible d'apprécier. Enfin il est constaté, par mille expériences, que tous les *sons* sensibles sont renfermés dans une certaine latitude, passé laquelle, ou trop graves ou trop aigus, ils ne sont plus aperçus, ou deviennent inappréciables à l'oreille.

TABLE

Des Matières contenues dans ce Volume.

PRÉFACE.	3
CHAP. I. — Historique.	5
CHAP. II. — De la transposition et du clavier transpositeur	16
CHAP. III. — Description de l'orgue expressif.	23
Table des registres.	31
Clavier.	31
Du mécanisme des soupapes et des cornements.	32
Jeux et sommiers.	34
Fuites d'air.	34
CHAP. IV. — Notice explicative sur la laye.	37
Description de la laye	38
Pour mettre la laye à découvert et en visiter l'intérieur.	40
Pour retirer une soupape d'introduction d'air.	41
Pour retirer le grand rouleau en fer.	42
Si un jeu continue de parler, même son registre étant fermé	42
Si un jeu produit un son double dans chaque note de son étendue.	43
Si un jeu ne parle pas, même son registre étant ouvert.	43
Si l'on veut supprimer au copula, ou grand jeu, un jeu partiel.	44
S'il arrive un dérangement à la soupape d'expression.	44
Manière de remettre le côté mobile de la laye.	44
CHAP. V. — Des divers systèmes.	45
CHAP. VI. — Renseignements	50
De l'envoi de l'orgue; — de son déballage; — des formalités à remplir en cas d'avaries.	50
Des commissionnaires pour le transport par eau ou par terre.	51

Du voiturier	52
Placement de l'orgue	54
Des registres et de leurs combinaisons, — des faux registres, — du copula	54
Termes italiens les plus usités pour l'indication des mouvements	55
De l'étude des notes sur le clavier et de la manière de les connaître instantanément	58
De l'étude des pédales	59
CHAP. VII. et dernier. — Définitions diverses	61
Accord	61
Accorder des instruments	63
Antienne	64
Antiphonier ou Antiphonaire	65
Air	65
Cantique	65
Cécile (Sainte)	66
Harmonie	67
Hymne	68
Mélodie	68
Messe	72
Motet	74
Musique	74
Noëls	82
Partition	83
Plain-chant	84
Prose	85
Psalmodier	86
Psaume	87
Solfier	87
Son	89

FIN DE LA TABLE.

3284. — Paris, imprimerie Guiraudet et Jouaust, 338, rue S.-Honoré.

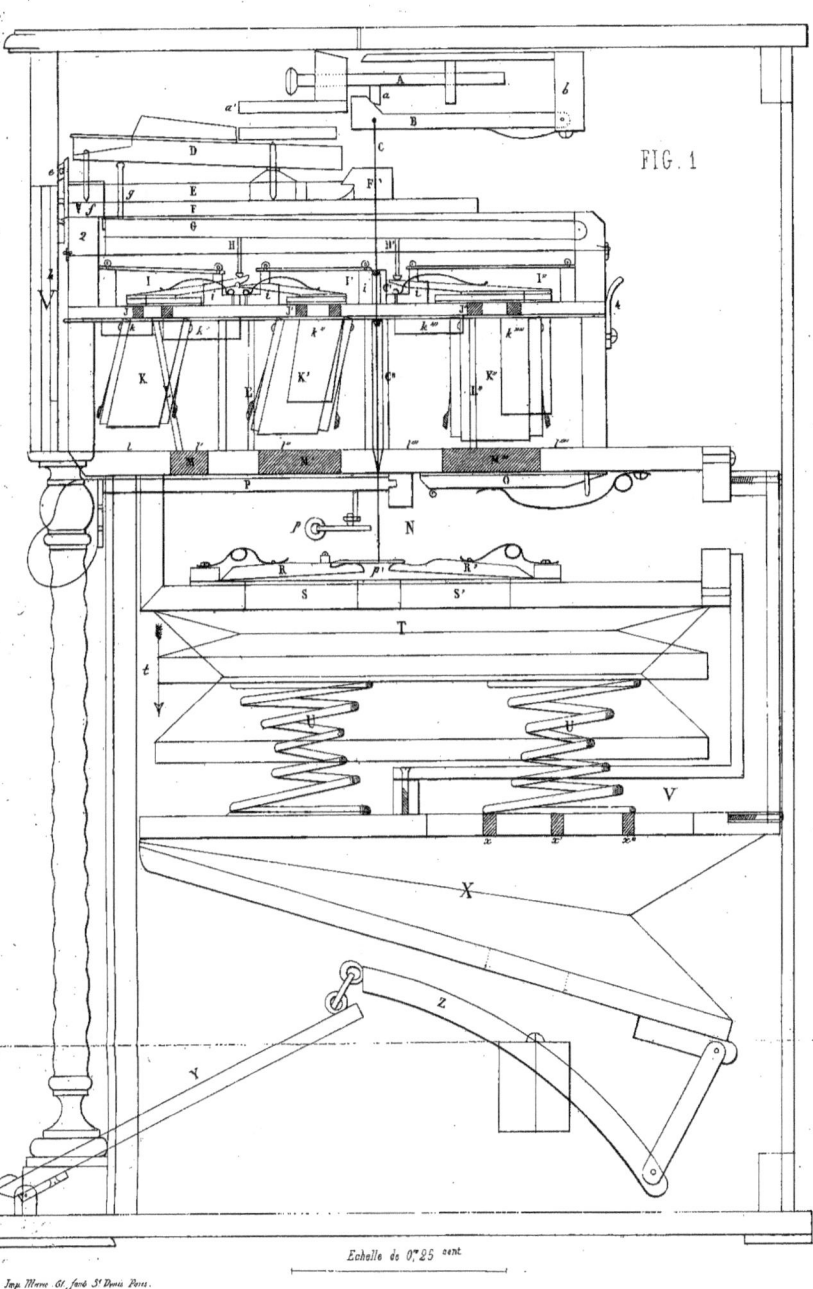

Planche 1.

FIG. 1

Échelle de 0,25 cent.

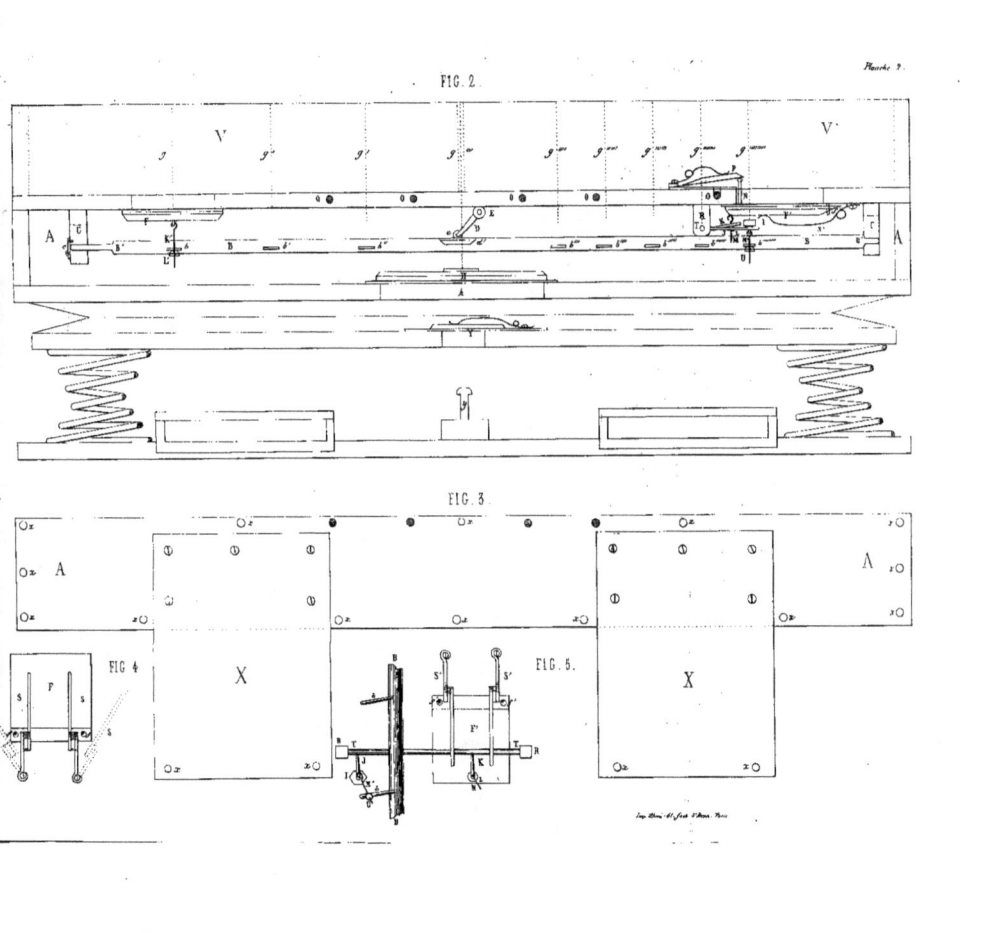

EN VENTE
A LA MÊME MAISON.

Méthode spécial d'orgue expressif, par MARIUS GUEIT, traitant de la position du corps et des doigts, — du doigter, — du clavier ordinaire et du clavier-transpositeur, — des pédales et de leur étude, de l'Orgue, de la variété de ses jeux, de ses ressources musicales; — des registres et de leur combinaison; — de l'expression, etc. Cette MÉTHODE renferme, en outre, une série de morceaux bien gradués, faciles et progressifs, pouvant servir pour Élévation, Offertoire, Communion, etc. — Prix net, 9 fr.

3284. — Paris, Imp. Guirandet et Jouaust, 338, r. S.-Honoré.

www.ingramcontent.com/pod-product-compliance
Lightning Source LLC
Chambersburg PA
CBHW070305100426
42743CB00011B/2354